모녀의 세계

모녀의 세계

사랑한 만큼 상처 주고,
가까운 만큼 원망스러운

김지윤 지음

은행나무

들어가는 글

정서적 샴쌍둥이가 되어버린 엄마와 딸

내가 모녀 관계의 심리에 대한 책을 쓴다고 하자 사람들이 이렇게 말했다.

"와… 당장 써줘! 빨리 써줘!"

"나, 엄마 때문에 정말 죽을 거 같아. 이건 진짜 심각한 문제야."

"꼭 써주세요! 사례가 필요하면 언제든 말씀해주시고요. 제 사례를 기꺼이 제공해드릴게요."

그런데 이와는 조금 다른 반응도 있었다.

"응? 모녀 관계에도 그런 어려움이 있나요?"

"모녀 사이는 그냥 편한 거 아니었어?"

전자는 이른바 '대단한' 엄마를 가진 딸들에게서 나오는 일반적인 반응이었다. 한편, 후자는 모녀 관계에 대해 깊이 알지 못하는 남성 혹은 모녀 관계에서 권력을 쥐고 있는 사람의 반응인 경우가 많았다.

모녀 관계는 엄마와 딸, 두 여자의 인생 전체를 관통한다. 엄마가 세상을 떠나도 엄마가 딸에게 미친 영향력은 영영 사라지지 않는다. 따라서 이는 거의 영원히 지속되는 관계의 모형이라고 볼 수 있다. 이러한 모녀간의 심리는 자존감을 비롯해 개인의 내면을 형성하며 나아가 부부 관계, 연애, 양육방식 등에 지대한 영향을 미친다. 모녀 사이에 존재하는 갈등의 스케일과 서사는 부부 사이의 그것보다도 더 길고 질기다.

이 책에는 엄마와 딸 사이에 흔히 존재하는 심리적이고 관계적인 문제들이 주로 등장한다. 나는 각각의 주제에 따른 해결방법을 담음과 동시에 딸로서 자신의 엄마를 재해석하고 만약 엄마가 자신에게 끼친 그릇된 영향력이 있다면 이로부터 벗어날 수 있는 방법들도 함께 제시했다.

또한 이 책을 풀어가는 데 있어 지극히 사적인 나 자신의 경험과 동시에 지금껏 내가 만나온 수많은 여성들의 사례를 적극 활용했다(이들의 이름은 모두 가명이고 행여나 사람들이 추측하는 것을 방지하고자 그녀들의 이야기는 아주 조금씩만 각색이 되었다). 특히 나는 상당히 상처받은, 평범하지 않은 엄마를 가진 딸이었으며, 그렇게 아이를 낳고 나 자신도 엄마가 되는 모든 과정 속에서 너무도 많은 문제와 마주하고 이를 극복해나가야만 했다. 딸에서 엄마가 되기까지 무엇 하나 쉬운 것이 없었다. 하지만 깨달았다. 어려움을 극복한 만큼 행복해진다는 사실을 말이다.

결국 밀착된 모녀 관계의 문제는 모녀만의 것이 아닌 그들을 둘러싼 가족, 남편, 자녀, 시가, 처가의 문제와 맥을 같이한다. 또 이 모두는 그들을 둘러싸고 있는 사회배경이 가진 구조적이고 전통적이며 고질적인 문제와 공존한다. 하지만 이 책에서는 그 방대한 전체를 다루지는 않았고, 다만 모녀 관계에 더욱 집중했다.

한 가지 기억해주었으면 하는 점은, 각 장에서 언급하지 않았더라도 모녀간의 심리가 형성되는 데에는 이를 둘러싼 다양한 배경들이 공존한다는 사실이다. 따라서 엄마는 가해자, 딸은 피해자라는 식의 단순한 해석으로 이 관계를 들여다보지 않았으면 한다.

세상에는 엄마를 사랑하지만 엄마로 인해 아픈 딸들이 너무도 많다. 나 역시 그러하였기에, 그 모든 딸들의 이야기를 귀담아듣고 그들을 따뜻하게 안아주고 싶다. 여자라는 공통분모를 가졌다는 이유로, 사랑한다는 이유로, 간섭과 애정 사이에서 위태로운 줄타기를 하고 있는 엄마와 딸. 잘못된 관계가 일상 속에 너무 깊이 스며든 나머지 자신들이 위치한 좌표조차 인식하지 못한 채 정서적인 샴쌍둥이 상태에 머물러 있는 이들이 서로 적당한 거리와 균형을 유지하고 자신만의 존엄한 삶을 살아나가며 심리적 독립을 이룰 수 있도록 하는 일. 이것이 내가 이 책을 쓰게 된 가장 큰 이유이다. 세상의 모든 엄마와 딸 들이 편안한 미소를 지으며 서로를 바라볼 수 있기를, 때로는 서로를 용서하고 진심으로 화해할 수 있기를, 그렇게 온전히 사랑할 수 있게 되기를 바라며 부부의 세계보다 더 질기고 강력한 서사, '모녀의 세계'로 당신을 초대한다.

엄마이자 딸이며, 딸이자 엄마로서
이 세상을 살아가는 모든 여성들에게 이 책을 바치며
2021년 11월
김지윤

차례

들어가는 글 정서적 샴쌍둥이가 되어버린 엄마와 딸　　　　4

Chapter 1

애증
: 사랑이라는 이름의 상처

나쁜 년, 미친 년, 불효막심한 년　　　　13
부부의 세계보다 스펙터클한 모녀의 세계　　　　23
엄마, 왜 나를 돌보지 않았어?　　　　33
버림받을지도 모른다는 불안　　　　44
두 얼굴의 엄마　　　　54
엄마의 이중메시지　　　　64
그녀와의 이별　　　　76

Chapter 2

조율
: 서로를 홀로 서게 하는 적정거리

엄마는 큰언니　　　　89
장녀 엄마가 장남 아빠와 결혼했을 때 생기는 일　　　　99
친구 같은 딸에게 강요된 희생　　　　110
딸은 왜 엄마 팔자를 대물림할까?　　　　120
딸은 엄마의 아바타가 아니다　　　　129
좋은 엄마 신화에 사로잡힌 젖가슴　　　　141
갱년기 열병을 잠재우는 딸의 한마디　　　　150
엄마를 과소비하지 말 것　　　　162

Chapter 3

독립
: 엄마를 넘어선 나다움을 찾아

솔직히 딸이 더 만만하니까	179
엄마도 엄마가 처음이라	188
워킹맘, 모성의 신은 부재 중?	200
분노, 그 아래 존재하는 진짜 감정	210
사랑의 매 혹은 감정의 매	221
성性스러운 엄마	234
엄마 같은 엄마는 되지 않겠다는 다짐	244
부심코 일어나는 모녀간 가스라이팅	255
엄마의 유산	266

나가는 글 엄마와 딸, 서로를 웃으며 바라볼 수 있기를   274

Chapter 1

애증
: 사랑이라는 이름의 상처

나쁜 년, 미친 년, 불효막심한 년

"정말?"

"왜?"

"어떻게 그럴 수 있어?"

"그게 정상이야?"

이런 말들로 세상에 존재감을 드러내는, 타인에게 단번에 드러낼 수 없는 삶의 단면이자 누구나 하나쯤 있게 마련인 자기만의 비밀. 내게도 바로 그런 숨기고 싶은 단면이 있으니, 다름 아닌 엄마다. 엄마가 돌아가시고 13년, 나는 단한 번도 엄마의 무덤을 찾지 않았다. 그리고 내 나이 마흔두 살 되던 해, 처음으로 엄마의 무덤에 갔다. 엄마와 나에 대한 진짜 이야기는 그때부터가 시작이다.

2004년 겨울, 장례식을 마치고 참혹한 이별의 장소인 화장터를 거쳐 엄마를 납골당에 안치했다. 엄마를 화장하던 날은 아주 추웠고 납골함은 황당할 만큼 따뜻했다. 죽음과 1,000도의 온도가 만나 기묘한 이별의 온기를 남기던 그날, 나는 끔찍이도 가혹한 그날을 판도라의 상자에 넣고 닫아버렸다.

　이후 13년 동안 단 한 번도 엄마의 무덤을 찾지 않았다. 그것뿐만이 아니다. 매년 엄마의 기일이 돌아왔지만 아무것도 하지 않았다. 그렇게 13년을 보내며 가끔씩 머리로 생각했다. 사람들은 이런 딸을 어떻게 생각할까? 일단 어미는 '~년'으로 끝나는 게 어울릴 것 같았다. 나쁜 년. 미친 년. 돌은 년. 피도 눈물도 없는 년. 불효막심한 년!

　벌써 나부터도 누군가 그런 행동을 했다는 이야기를 들으면 단번에 "뭐?", "왜?", "미친 거 아냐?"라는 말을 내뱉었을 거다. 한마디로 정상이 아닌 거다. 맞다. 나는 마음이 너무 아픈 나머지 거의 미쳐가는 상태였다. 엄마의 장례식 이후 내게 엄마의 죽음이라는 사실이 없었던 것처럼 아니 아예 엄마라는 존재가 처음부터 내 인생에 없었던 것처럼 기억을 통째로 잘라냈다. 슬픔도, 아픔도 부인하고 살았다. 말 그대로 엄마를 묻었다.

　엄마 없이 결혼을 하고, 아이를 낳고, 아이를 키우고, 일

chapter 1 애증: 사랑이라는 이름의 상처

을 했다. 내 생활 속 어디에도 엄마의 흔적은 없었다. 엄마, 그녀는 내게서 13년간 완전히 봉인되었다. 하지만 영원한 봉인은 불가능했다. 흔적을 지웠다지만 결국 나 자체가 그녀의 흔적이지 않은가. 내 안의 그녀와 마주하지 않는 한 이 지리멸렬한 애증의 관계는 절대 끝나지 않을 터였다. 한 사람의 죽음으로도 끝나지 않는 관계라니, 한 몸이었던 시절이 있었기 때문인 걸까. 엄마의 죽음으로 모든 것이 완전히 끝났다고 생각했지만 웬걸, 진짜는 그때부터였다. 13년의 시간이 흐르는 가운데 그녀와 나의 관계는 다만 단단히 봉인된 상태일 뿐이었다.

칼 융이 그랬다. 중년이 되면 진짜 내면의 지진이 시작된다고. 내 중년에도 지진이 일어났다. 불면의 밤이 찾아오기 시작했다. 대수롭지 않게 생각했다. 주변에서도 다들 잠을 못 잔다고 하니 나도 그저 그 반열에 합류했나 보다 하고 생각했다. 난 유행 따라가는 걸 은근히 좋아하니까.

'그래…, 스트레스가 좀 많아? 피곤해서 그래. 긴장이 안 풀려서 그래.'

나름대로 내게 찾아온 불면의 이유들을 합리적으로 나열하는 밤들이 늘어갔다. 하지만 내 마음은 그러한 합리적인 사고와는 정반대의 길에 서 있었다. 가슴이 답답했다. 점점 더 답답했다. 상담을 받아야겠다고 판단했다. 지난 8년간 주 100시간에 육박하는 시간 동안 묵묵히 일만 하며 견디지 않았나. 한 번쯤 내 정신세계를 정리하고 갈 필요가 있다고 생각했다. 그리고 내가 왜 이렇게도 잠을 못 자는 상태가 되었는지 그 이유를 찾고 싶었다.

첫 상담 날, 울다 끝이 났다. 왜 첫 상담에서 '엄마'라는 단어를 꺼냈는지. 지금은 이해할 수 있지만 그때는 정말 황당했다. 잠을 못 자서 찾아간 상담실에서 왜 엄마 얘기가 튀어나왔을까. 13년간 애써 눌러놓은 봉인이 이렇게 어이없게 풀리다니…. 갑자기 엄마가 덮쳐왔다.

"선생님, 저는 엄마 무덤에 13년간 한 번도 가지 않았어요. 어떻게 그럴 수가 있죠? 이게 정상이에요? 그런데 전 갈 수가 없어요. 도무지 갈 수가 없어요. 너무 무서워요. 거기 가면 제가 산산이 부서져 공중에 흩어져 없어질 것만 같아요. 이건 제 남편밖에 몰라요. 아무도 몰라요. 다른 가족들도 몰라요. 상상도 못 할 거예요. 13년이 되도록 엄마한테 안 갔다고 누구한테 얘길 할 수도 없어요…, 엉엉엉…."

정신을 차리니 40분이 지나 있었다. 선생님은 괜찮다고 했다. 다른 사람의 평가는 중요하지 않으며 어머니 무덤에 13년을 안 가든, 영원히 안 가든 그건 당신의 마음이다. 다

chapter 1 애증: 사랑이라는 이름의 상처

괜찮다. 그만큼 아픈 거다. 스스로를 받아들여주어라. 꽤나 마음이 놓이는 대답이었다.

선생님은 10분이 더 남았으니 무슨 이야기든지 하고 싶은 이야기를 하라고 했지만 도무지 그럴 수 없었다. 너무 '쪽팔렸다.' 이 나이에 처음 본 사람 앞에서 화장이 다 지워지도록 엄마를 부르며 펑펑 울다니. 요즘 말로 '멘탈이 터졌다.' 편집하고 싶었다. 정신을 챙겨서 선생님에게 말했다.

"선생님, 10분 남은 것, 괜찮습니다. 제가 지금 처음 본 사람 앞에서 이렇게 운 게 너무 창피하고 당황스러워서요. 일단 이 자리를 최대한 빨리 뜨고 싶습니다. 그럼, 다음 주에 뵐게요!"

그렇게 상담실을 탈출한 뒤, 나와서 조금 걸었다. 어지러웠지만 면죄부를 받은 심정이었다. 그래, 일단 나쁜 년은 아닌 걸로. 그냥 마음 아픈 년인 걸로. 첫 상담 날 나는 아픈 년 자격을 취득하며 13년의 봉인을 해제하기 시작했다.

엄마와의 관계란 이렇게 질겨빠진 것이다. 13년이 아니라 130년이 흘러도 끝나지 않는다. 부모 자녀의 관계가 심리적으로 큰 의미를 지니는 이유는 죽음으로도 끝나지 않는 관계이기 때문이다. 물론 연인 관계, 부부 관계 또한 끝난 후 영향력을 남기긴 하지만 새로운 상대가 심리적으로 더 큰 안정감과 긍정적인 기운을 줄 경우, 상처의 전복이 가능하다. 상대로부터 받은 상처가 희미해지며 회복할 수 있다. 그러나 부모 자녀 관계는 그렇지가 않다. 태어나서 처음 눈을 맞추고 성장하면서 존재 자체가 부모와의 교류를 통해 형성된다. 그렇기 때문에 엄마가 죽는다고 해도 엄마와 관계를 형성하며 만들어진 결과물이기도 한 나라는 존재는 계속해서 남아 있다. 내 안에 존재하는 엄마와의 관계는 그 힘을 또 다른 가족이나 자녀에게 행사한다. 그러니 딸은 엄마가 세상을 떠난 후에도 평생 그 영향력에서 벗어나기 어렵다. 물론 나처럼 일시적으로 외면하고 없었던 일처럼 덮어버릴 수도 있을 것이다. 하지만 그것도 약발이 그리 길게 가지는 않는다.

소용돌이였다. 상담이 두 달가량 진행되었을 때 엄마의 무덤에 가보고 싶어졌다. 선생님은 서두르지 않아도 된다고 했지만 이 지겨운 판도라 상자를 열어보고 싶은 마음이 들썩였다. 도대체 그 안에는 뭐가 들어 있을까? 뭐가 들어 있기에 나는 잠도 자지 못하는 걸까? 끝장을 보고 싶었다.

정말 나는 엄마의 무덤 앞에서 부서질까? 너무나 슬픈 나머지 정신이 나가 자아를 상실하고 엄마 무덤 앞에서 머

chapter 1 애증: 사랑이라는 이름의 상처

리에 꽃이라도 꽂고 춤을 추게 될까? 혹시 내 안의 더 깊은 미지의 것이 건드려져서 나를 분열하게 만들지는 않을까? 13년간 나를 부동자세로 굳어 있게 만든 슬픔과 두려움의 정체는 과연 무엇일까?

가서 겪어보지 않는 한 답을 찾을 수 없는 질문들이었다. 잠을 잘 자고 인간답게 살기 위해서라도 이제 질문의 답을 찾아야 한다는 사실을 직감했다. 판도라 상자의 문을 열기로 결심했다.

준비가 완료된 날 아침, 여덟 살 난 아이의 손을 잡고 학교에 데려다주며 말했다.

"엄마 오늘 할머니 무덤에 다녀오려고 해."

그러자 아이가 말했다.

"엄마, 피할 수 있는 슬픔은 피하고 살아."

"이젠 피할 수 없는 슬픔이라서 다녀오려고…."

잠시 덧붙이자면, 아들은 상당히 감성적이고 인생 2회차에서나 할 법한 말을 곧잘 내뱉는, 매우 흥미로운 어린이다. 그래서 그날도 백 살 아들이 해주는 것 같은 일종의 조언을 받아들고 발걸음을 옮겼다. 꽃을 사러 납골공원 근처 가게에 들어갔다. 국화…. 가게는 당연히 온통 국화밭이었다. 온당했다. 하지만 엄마에게 국화는 전혀 어울리지 않았다.

응당 우리 엄마라면 빨간 장미에 금색 포장지 그리고 꽃보다 더 큰 리본이 달린, 화려함에 화려함을 더한 그런 꽃다발이 제격이다. 아쉬웠다.

공원묘지를 향해 올라갔다. 장례식 이후 13년만에 처음 찾은 곳이라 그런지 어디가 어디인지 분간이 안 갔다. 13년간 그곳에는 많은 새로운 죽음들이 들어서 있었고 공원의 지형도 다소 변해 있었다. 나는 납골함 번호를 눈으로 따라가며 엄마를 찾았다. 잠시지만 헤맸는데 어쩌면 좀 더 헤매고 싶었는지 모르겠다. 생각보다 빨리 엄마를 찾았다. 그때 그 번호 그대로 엄마는 그곳에 있었다. 국화를 놓았다. 동행해준 남편은 내가 기절하기라도 할까 봐 대기 중이었다. 남편의 가방 속에는 냉수, 수건, 비상약 등이 준비되어 있었고 내가 기절한다면 그에 대처할 준비를 완벽히 끝낸 상태였다. 남편의 걱정스러운 눈길이 느껴졌다. 그는 내가 엄마의 죽음이라는 단어에 상당히 민감하게 반응해온 것을 긴 시간 지켜봐왔고, 이러지도 저러지도 못한 채 그저 내가 언젠가 마음의 언덕을 넘어가기만을 기다리고 있었다.

그런데… 아무 일도 일어나지 않았다. 난 조금 엉엉 울었고 울음 끝은 짧았다. 속으로 생각했다. '뭐야, 끝이야? 더 눈물 안 나?' 시시할 지경이었다. 남편의 비상가방 지퍼는 열리지 않았다. 나는 너무 슬픈 나머지 부서지지도 분열되지도 않았으며 그저 누구나처럼 적당히 엉엉, 무덤 앞 아주 정상적인 장면 속에 서 있었다. 준비된 만남이었다. 봉인의 시간 어쩌면 나의 무의식은 엄마와 나의 관계 그리고 그 관계에 기생하고 있는 수많은 상처들을 마주할 준비를 하고 있었는지 모른다.

"엄마…, 너무 오래 있다 와서 미안해. 많이 기다렸지? 여기 이제는 자주 오고 다음엔 엄마 손자도 데리고 올게. 엄마에게 손자가 생겼거든. 그때까지 또 잘 있어."

신파에 고전을 더한 말을 엄마에게 남긴 채 집으로 돌아왔다.

그렇게 나는 엄마가 떠난 지 13년이나 흐른 후에야 비로소 엄마와의 관계를 탐색하기 시작했다. 불면의 밤을 해결하려고 갔던 상담실에서 왜 예상치도 못한 '엄마'라는 단어를 꺼내게 되었을까? 13년이라는 시간 동안 부동자세로 묶여 있어야 했던 이유는 무엇일까? 왜 엄마와의 관계는 엄마가 떠나고도 끝나지 않았을까? 내 인간관계에 엄마는 어떤 영향을 미쳤을까? 도대체 엄마는 무엇인가? 엄마는 내게 무엇인가? 엄마란 인간에게 무엇인가?

엄마라는 존재가 내게 던진 수많은 질문과 번민의 끝에 답 대신 찾아낸 한 단어가 있다. 바로 '절대적'이라는 단어였다. 그녀의 존재가 내게 절대적이지 않고서는 죽음마저 무력화하는 13년의 봉인이란 있을 수 없는 일이다. 절대적이어야만 설명이 되는 것이다. 엄마란 존재는 절대적인 그 무엇이다. 그 누가 절대자의 그늘을 벗어날 수 있겠는가! 절대적 존재인 엄마! 딸들의 절대자인 엄마!

그렇게 나는 나의 절대자와 대면하기 시작했다. 그리고 그 과정에서 그녀는 내 예상보다 더욱더 절대적인 존재임이 속속들이 밝혀지기 시작했다. '엄마'라는 존재가 나를 비롯해 세상의 모든 딸들에게 영향을 미친 수많은 방식들이 하나씩 드러나기 시작했다. 나는 난생처음 엄마와 나의 진짜 이야기와 마주하기 시작했다.

chapter 1 애증: 사랑이라는 이름의 상처

부부의 세계보다 스펙터클한 모녀의 세계

　부부의 세계만큼이나 복잡한 관계가 또 있으니 바로 모녀의 세계다. 고부간의 갈등은 그간 수많은 아침 드라마와 일일 드라마에서 진행된 스파르타식 교육 덕분에 어느 정도 공론화가 되었다. 하지만 모녀 관계는 아직 미지의 세계다. 모녀의 세계는 그 어떤 관계보다 많은 갈등을 내포하고 있다. 한 가지 확실한 것은 당신이 엄마가 힘들다고 느낀다면 그것은 비단 당신과 당신 엄마의 문제만은 아니라는 사실이다.
　모녀의 세계는 20~30년 이상 뒤엉킨 상태에 머물고 있는 실타래 덩어리 같다. 그럼에도 불구하고 많은 사람들의 입에 오르내리고 있는 부부 갈등이나 고부 갈등과 달리 모녀 갈등에 사람들이 주목하기 시작한 지는 얼마 되지 않았다. 여전히 많은 모녀들이 자신들이 처한 상황이 힘들고 서로가 서로 때문에 고통받고 있다고 말하면서도 그것이 정확히 어떤 갈등인지는 규정하지 못한다.

이 갈등의 가장 근본적인 이유는 바로 모녀 사이가 너무도 자연스럽게 밀착되어 있는 까닭에 다른 인간관계에서 문제가 될 만한 일들을 아예 문제로 여기지 않는다는 데 있다. 모녀 사이에서는 모든 것이 당연하며 모든 것이 허용된다. 단지 모녀라는 이유만으로 서로가 너무 가까이 붙어 있다. 이로 인해 둘 사이에 엄연히 존재하는 문제를 있는 그대로 바라볼 수 없고 그저 서로 힘들어하며 때로는 애증의 관계라고 느낄 뿐이다.

"엄마, 진짜 왜 그래?"

"딱 너 같은 딸 낳아서 키워봐라, 응?"

예를 들어, 진짜 친한 친구가 우리 집에 예고도 없이 들어와 내가 안 먹겠다는 청국장을 자기 맘대로 끓여놓고는 먹으라고 강요하며 다 먹는지 바로 앞에서 지켜본다고 치자. 그 친구에게 "오늘은 청국장이 안 당긴다"고 하면 "네 몸은 내가 더 잘 알고 너는 내 말대로 해서 손해 볼 것이 하나도 없으니, 군소리 말고 먹으라"고 한다. 그리고 "냉장고에

한 솥 더 있으니 내일도 청국장은 계속 되어야 한다"고 하면 과연 당신은 어떤 기분이겠는가. 집은 청국장 향기가 점령, 50년 전통의 원조 청국장 집이 되었다.

나를 이런 식으로 사랑하는 친구가 실재한다면 어떤가. 무섭고 정상은 아니게 느껴질 것이다. 그런데 엄마들이 이런 행동을 하면 그건 다 정상으로 치부된다. 왜냐면 엄마니까. 사랑하니까. 엄마의 사랑이란 원래 강하고 헌신적이어야 하고 이처럼 유별난 색을 띠게 마련이니까.

청국장 사건 한 번이라면, 엄마의 사랑으로 받아들일 수 있다. 그런데 문제는 이와 유사한 방식의 사랑 표현법이 백한 가지 정도는 된다는 것이다. 그리고 이러한 엄마의 사랑 방식은 엄마들이 장년기로 넘어가면서 마치 출구를 상실한 듯 고착화된다. 장년이 되면 뇌는 관계의 변화를 받아들이거나 적응해나가는 데 어려움을 느낀다. 따라서 중년 시절 자녀들과의 관계에서 생기는 문제를 직시하고 허들을 넘지 못한 엄마들이 노년이 되면 갈등의 골이 더욱 깊어진 채 딸과의 관계가 악화된다. 매일 떠오르는 작열하는 태양과도 같이 딸의 곁에 머무는 엄마…. 아, 딸은 정말이지 태양을 피하고 싶다.

모녀 관계가 흔히 문제로 인식되지 않고 간과되는 또 하나의 이유는 엄마들의 표현 방식이 전혀 폭력적이지 않다는 데 있다. 엄마들은 부드럽고 착하며 헌신적이고 불쌍하기까지 하다. 누가 봐도 엄마는 딸을 걱정하고 아낄 뿐 폭력적이지 않다. 게다가 엄마의 사랑은 때로 교묘하기까지 해서 본인 스스로도 결점을 눈치챌 수 없다.

> 엄마는 딸을 가장 가까운 친구 혹은 자신의 분신이라 여긴다. 또한 딸이 자신의 감정을 받아줘야 한다고 생각한 나머지, 딸에게 하고 싶은 말은 여과 없이 쏟아낸다. 그러면 딸은 자라면서 점차 '내가 엄마의 감정 쓰레기통인가?'라고 느끼게 된다. 하지만 엄마와의 관계를 바꾸기는 생각처럼 쉽지 않다.'
>
> **가야마 리카, 《딸은 엄마의 감정 쓰레기통이 아니다》, p.7, 걷는나무**

가족심리전문의인 가야마 리카는 엄마와 딸의 관계를 이렇게 이야기하며 딸이 엄마에게 받는 스트레스를 '모녀 스트레스'라는 말로 정의했다. 혹 엄마의 사랑을 욕되게 하는 것은 아닌지 죄책감이 들지 모르겠지만 엄마도 분명 누군가의 딸이었고 엄마의 엄마도 누군가의 딸이었다. 그렇게 대를 물려 심리적인 것들을 물려주고 물려받으며 여기까지 온 것이다. 그러니 우리 엄마 한 사람만을 절대적인 가해자

chapter 1 애증: 사랑이라는 이름의 상처

로 지목할 수는 없다. 또한 모녀들을 둘러싼 가부장적 배경의 영향도 고려해야 한다. 결국 여러 가지 사회적 산물의 결합체가 바로 뒤틀린 모녀 관계의 형태로 표출된다고 볼 수 있다.

딸 권하는 사회

또 한 가지, 우리 사회는 모녀 관계가 각별해야 함을 부추긴다. 엄마들에게 딸을 권한다. 연애의 세계에서도 그렇지 않았던가. 멀뚱했던 두 사람이 커플로 이루어지려면 주변에서 추임새를 넣어주어야 한다. 그렇게 사람들이 툭툭 내던지는 말들이 이들의 감성에 영향을 미치는 것이다. 사귀는 사이가 전혀 아니었음에도 불구하고 사람들이 사귀냐고 물어보는 바람에 분위기가 묘해진다. 말로는 절대 아니라고 하지만 신경이 쓰이고, 힐끗 아닌 척 한 번 더 그녀를 그리고 그를 쳐다보게 되는 것이다. 그래서 어떤 커플은 진짜 사귀는 것이 아니었음에도 불구하고 하도 직장에서 소문이 돌아서 소문 정리차 둘이 만났다가 그날 진짜로 사귀게 되고…, 뭐 그런 거다. 자꾸 옆에서 꽃길을 깔아주니 못 이기는 척 걸을 수밖에. 그런데 모녀 관계도 이렇게 밀어주는 사람들이 많다.

"아유, 이래서 딸이 있어야 돼, 아들 다 소용없어. 남의 남자야."
(딸은 남의 여자가 아닌 건가.)

"늙어 봐. 그럼 딸 없는 사람이 제일 불쌍해. 이러고저러고 할 거 없어, 딸은 무조건 하나 낳아." (언제는 아들을 낳으라더니.)

사회는 여성에게 딸의 필요성을 강조한다. 가문을 위해서는 아들이 필요하지만 여성을 위해서는 딸이 필요하다는 것이다. 왜 엄마에게 이토록 딸이 필요할까?

아무리 엄마가 다 알고 있다고 착각해도, 딸이 엄마의 예상을 빗나가는 때는 오기 마련이다. 그때, 딸은 엄마의 기대가 아닌 자신의 생각이나 취향에 따라 행동한다. 그 시기는 아이마다 다르다. 초등학교에 들어가기도 전에 "나는 이렇게 하고 싶어!"라고 자신의 의사를 명확히 표현하는 딸도 있다. 그러면 엄마는 어떤 기분이 들까? 아들을 둔 엄마가 어린 연인에게 실연을 당했다고 좌절하는 것과 달리, 딸을 둔 엄마는 기르던 개에게 물린 것 같은 충격을 받는다.

가야마 리카, 《딸은 엄마의 감정 쓰레기통이 아니다》, p.111, 걷는나무

chapter 1 애증: 사랑이라는 이름의 상처

이처럼 딸은 엄마에게 '내 맘과 같은 존재'이기에 필요하다. 엄마는 영원한 자기 편, 자기의 심리적인 분신이자 지지자, 자신의 이야기를 공유할 사람이자 쉼터다. 그래서 엄마는 딸을 원하고 필요로 한다. 이러한 무의식적인 바람은 일상생활 곳곳에서 나타나며 절대 노골적으로 드러나지 않는다. 이것은 아주 섬세하며 고요한 심리전에 가깝다. 예를 들어 4인분의 만둣국을 끓이려는데 만두가 모자라는 상황이 되면 엄마들은 딸에게 이렇게 말한다.

"어쩌냐~, 만두가 모자라! 일단 아빠, 오빠 먼저 주고 우리는 다른 거 먹든지, 라면 먹든지 그러자."

왜 이런 순간 딸에게는 만둣국에 대한 지분이 없는가. 왜 엄마는 너무도 당연히 딸이 자신과 같은 것을 먹어줄 것이라 가정하는가. 왜 딸은 우선순위에 들지 못하며, 만둣국에 대한 권리를 이리도 쉽게 빼앗기는가! 엄마의 의식과 무의식이 딸은 엄마의 분신이라고, 너는 내 편이라고 언제나 소리를 내고 있기 때문이다. 내 편이 나랑 같이 희생하는 것은 당연한 이야기니까 물어볼 필요도 없다.

만일 이때 딸이 "싫어! 만두 내가 먹을 거야, 오빠 너 먹지 마, 아빠 뱉어! 내 거야!" 이렇게 하면 어떻게 될까? 딸은 또라이요, 정서적인 문제가 있는, 엄마가 집안에서 단속

하지 못한 문제아가 되고, 그것은 엄마의 명예에 먹칠을 하는 일이다. 명예에 먹칠을 당한 엄마는 가족 안에서 신뢰감을 잃고 입지가 좁아진다. 딸은 분하지만 이런 흐름을 자연스럽게 인지하고 있기에 대부분은 그저 라면 봉지를 뜯으며 불편한 심기를 다스릴 뿐이다.

엄마가 딸이었던 시절, 분명 엄마도 자신의 어머니 때문에 힘들었을 것이다. 하지만 다시 자신이 엄마가 되면 그녀는 과거를 잊고 자신이 심리적으로 어떤 것들을 기대하는지 혹은 강요하는지 알지 못한 채 딸에게 스트레스를 준다. 어쩌면 이것은 사회에서 여성들이 약자로서 연대하며 생존해왔던 삶의 방식인지도 모른다. 사회적 약자들은 연대해야 살아남을 수 있으니까. 하지만 모녀 사이에 존재하는 이 묘하고 가는, 가늘지만 여러 갈래인 이 관계의 끈을 잘 정리하지 못하면 모녀는 각각 심리적으로 독립하거나 성장하기 어렵고, 딸은 또 자신의 딸에게 이 실타래를 물려주는 일을 반복한다.

결국 복잡하게 엉켜 있는 모녀 관계는 여러 다른 관계에도 부정적인 영향을 주게 되는데, 자기 자신에 대한 내적 관계는 물론이고 자녀와의 관계, 배우자와의 관계, 연인과의 관계에 이르기까지 여러 중요한 관계들에 영향을 미친다.

chapter 1 애증: 사랑이라는 이름의 상처

그러니 엄마는 엄마로, 딸은 딸로서 각자 삶의 범주에서 독립적이어야 할 것은 독립적으로 선택하고 행동해나가는 것이 서로 행복하게 보다 나은 삶을 살 수 있는 길이다.

숨 막히는 엄마와 딸 사이에 필요한 것

때로 모녀 관계는 숨이 막힌다. 이때 한발 떨어져 서로를 객관적으로 바라볼 때 숨 쉴 공간이 확보된다. 객관화라는 건 이렇게 하면 된다. 만일 우리 엄마가 나에게 했던 말이나 행동을 친구 엄마가 친구에게 했다면 나는 뭐라고 말했을까, 어떤 감정을 느꼈을까 생각해보는 것이다. 남의 일이다, 옆집 일이다, 하고 가정했을 때 드는 생각을 통해 객관화라는 필터를 거친 정돈된 생각과 마주할 수 있다.

당신과 엄마의 관계는 어떠한가? 혹시 이런 생각이 들지도 모르겠다. '그러면 어쩌란 말인가.' 꼬인 엄마와의 관계는 불협화음 같은 것이다. 엄마도 나도 다 각자 아름다운 소리를 내는 악기인데 조율이 잘 되어 있지 않아 자꾸만 듣기 어려운 아름답지 않은 소리가 나는 것이다. 그러니 조금만 조율하면 된다. 그러면 엄마도 나도 고유한 자기의 소리를 찾고 우리는 공존할 수 있다. 엄마와의 심리적인 거리감 조절하기, 엄마로 인해 주체적이지 못했던 나의 행동 혹은 선택 탐색하기, 엄마가 쏟아내는 감정들에 말려들지 않기, 내가 편하고자 엄마를 이용해먹는 지점 찾기, 엄마가 내 엄마가 아닌 여성으로 인생을 살도록 돕기, 내 딸에게 착한 딸이 되기를 강요하지 않기, 딸의 마음을 다 안다는 생각을 버리기…. 이런 심리적인 탐색 과정들을 '조율'이라 부를 수 있을 것 같다.

    모든 관계에는 지식과 기술이 필요하다. 모녀 관계도 그러하다. 모녀 관계에서 일어나는 일들 가운데 원래 다 그런 것은 없기 때문이다. 당신의 엄마와 당신은 어떠한가? 문제를 문제로 인식하는 사이인가? 너무도 가까운 나머지 '문제를 문제로 인식하지 못하는 문제'를 가진 애증의 관계인가? 엄마와 당신의 관계에 대한 탐색은 당신을 지대하게 성장하게 만드는 도전이 될 것이라 확신한다. 탐색에 도전하자. 한 번도 가보지 못한 아름다운 땅에 발을 딛게 될 것이다. 나 자신이 나로서 살아 있는 땅, 죽기 전에 한 번은 밟아봐야 하는 땅 말이다.

chapter 1 애증: 사랑이라는 이름의 상처

엄마, 왜 나를 돌보지 않았어?

40대 초반에 시작된 불면의 밤은 1년의 시간이 넘도록 지속됐다. 푹 잘 수만 있다면 수능도 다시 볼 수 있다! 그런 심경이랄까. 눈을 감고 누우면 항상 정신이 더 명료해졌고 가슴은 돌딩이를 얹은 듯 갑갑했다. 철갑옷을 입고 누워 있는 것만 같은, 옴짝달싹할 수 없는 그 갑갑함에 질식할 것만 같았다. 애국가 2절에 나오는 철갑을 두른 소나무는 다름 아닌 나였다. 그리고 그러한 갑갑함 뒤 끝내는 어딘가 깊은 바닷속 같은 곳으로 가라앉았다. 단지 느낌이지만 현실보다 강한 그 느낌은 공포이자 충격실화, 그 자체였다. 캄캄한 바다 저 밑으로 하염없이 가라앉아 질식해서 죽을 것 같은 느낌이 너무도 생생했다.

이런 느낌은 1년이 넘도록 자려고 침대에 누우면 마

치 무슨 의식처럼 무한반복되었다. 나는 잘 눕지 못했고 밤 10시가 되면 우울해졌다. 오늘 밤은 또 어떻게 보내야 하나? 이 고통스러운 느낌은 언제까지 지속될까? 그리고 무엇보다 이 숨 막히는 느낌의 실체가 무엇인지, 원인이 무엇인지, 너무도 궁금했다. 분명 이것은 어떤 신호인데 말이다. 내가 나에게 보내는 시그널, 무의식의 외침, 내가 잊은 내 마음을 알아달라는 요청이었다. 그래, 알고 싶었다, 내 마음. 대체 왜 이러는 거냐고. 뭐가 문제냐고.

쓸데없이 만사에 목표지향적인 나는 어서 답을 찾아 이 고통을 끝내고 박살 내서 일상을 회복하고 싶었다. 사실 지금에야 이렇게 담담히 쓰고 있지만 그때는 과연 일상이 회복될 수 있을지 미지수라고 느낄 정도로 암담했다. 불면증만 있었던 것이 아니다. 나는 통제받고 있다고 느끼는 상황이 생기면 질식할 것 같은 느낌을 받았다. 가령 달리는 차 안에서, 막히는 고속도로나 터널 속에서, 메모가 기억나지 않을 때, 갑자기 뭐가 먹고 싶은데 절대 지금 당장 먹을 수 없는 메뉴일 때, 엘리베이터를 탈 때…. 내 통제를 벗어난 내가 통제당하는 상황이 발생하면 나는 질식의 느낌과 고통스러운 싸움을 해야만 했다. 답을 찾지 못하면 이건 살아도 사는 게 아니었다. 아이도 어린데…. 이런 삶은 끝나야만 했다. 아이를

chapter 1 애증: 사랑이라는 이름의 상처

데리고 엘리베이터를 편안하게 탈 수 없다니 이게 도대체 무슨 변고란 말인가.

불면증의 실체

그러던 어느 날, 상처를 알아달라는 내 무의식과 도대체 이 고통의 원인이 무엇인가 미치도록 답을 찾고자 하는 내 의식이 드디어 서로 만나는 순간을 맞이하게 되었다. 그리고 이 질식할 것 같은 느낌이 어디에서 왔는지 알게 되었다. 두드려라, 그리하면 열릴 것이니…, 숨 막히는 비밀의 실체가 드러났다.

우리 집에는 액자가 하나 있었다. 내가 다섯 살 무렵 수영장에서 찍은 사진이다. 깜찍한 비키니를 입은 다섯 살의 내가 물 밖으로 나오는 순간을 포착해 엄마가 찍었고 엄마는 내가 너무 귀엽다며 그 사진을 A4 크기만큼 확대해 무려 액자에까지 넣어 안방에 걸어두었다. 그 사진은 내가 고등학생이 될 때까지도 엄마가 즐겨보는 육아의 추억, 뭐 그런 거였다. 그런데 그 사진이 찍히기 불과 몇 분 전 나에겐 엄청난 일이 있었다. 나는 그날 물에 빠졌다. 빠져서 죽을 뻔했다. 풀장은 깊이가 점점 깊어지는 형태였는데 처음에 얕은 곳에서 놀던 나는 점점 발끝이 닿지 않는 곳으로 들어가게 되었고 곧 물에 잠겼다. 지금도 기억한다. 물 안에서 몸이 살짝 앞구르기를 하듯이 둥실거리며 발이 떴고 중심을 잡을 수 없었다. 엄마를 불렀고 물속에서 엄마를 부르는 바람에 엄청난 양의 물을 먹었다. 뇌로 물이 들어가는 느낌이었다. 그렇게 계속 허우적대다가 운이 좋게도 수위가 낮은 쪽으로 몸이 밀려서 어느 순간 발끝이 바닥에 닿게 되었다. 죽기 직전 비로소 물 밖으로 콧구멍이 나왔을 때 수영장을 청소하던 아저씨의 빗자루가 눈에 들어왔다. 그렇게 사선의 풀장을 혼자 빠져나오는 순간, 엄마는 "꺄오, 귀여워"를 연발하며 찰칵찰칵 사진을 찍어댔던 것이다. 심각한 동상이몽이었다.

까마득히 잊고 있었던 그날의 사건이 또렷이 떠올랐다. 완전 잊은 것은 아니었는데 언젠가부터 되뇌지 않았고, 그러다 있지만 없는 것처럼 되었던… 그런 기억이었다. 하지만 그 기억이 다시 떠오른 순간, 나는 그날의 사건이 마흔이 넘어 겪고 있는 이 극심한 숨 막힘의 실체라는 사실을 알 수 있었다. 그토록 궁금했던, 물에 하염없이 가라앉는 그 느낌은 다름 아닌 수영장 사건 때의 내 경험이었던 것이다. 그 사연을 상담 선생님께 토로한 뒤로 나는 비로소 숨 막히는 느낌이 주는 공포에서 벗어날 수 있었다. 더 이상 침대 매트리

chapter 1 애증: 사랑이라는 이름의 상처

스가 바닷물로 바뀌는 질식의 경험을 하지 않아도 되었다. 때로 미세하게 그런 느낌이 전해져올 때면 '알고 있어. 그때 그 느낌. 그때 물에 빠졌던 그거잖아. 이제 괜찮아. 숨 쉬어' 하고 나 자신에게 얘기해주면 차츰 그 느낌이 연해지다가 저 멀리 사라졌다. 그리고 지금은 아주 그리고 매우 잘 잔다. 연속 열한 시간도 잘 수 있을 정도로….

침묵의 복수

그런데 이 사건은 내게 또 다른 숙제를 남겼다. 숨 막혔던 나날과 사선의 수영장 사건을 분석하면서 두 가지 의문점이 생겼다. 첫째, 왜 나는 그날 풀장에서 나오면서 울지 않았는가? 울기는커녕 왜 베스트 포토가 돼서 그 후 10년이나 액자에 걸릴 만큼 귀여운 표정마저 짓고 있었는가. 내가 아이를 키워본 바, 다섯 살 아이가 이런 행동을 한다는 것은 너무도 부자연스럽고 비정상적이다. 만일 우리 애가 그런 일을 겪었다면 어떻게 했을까. 물론 일단 나는 절대 다섯 살 아이를 풀장에 혼자 두고 나오지 않을 것이므로 그런 일이 발생할 수 없고(이 지점에서 나를 혼자 풀장에 두고 간 엄마에 대한 분노와 원망이 있다) 만일 여차저차해서 그런 일을 겪었다면 아이는 엄청나게 울고 또 울고 몸을 사시나무 떨듯 떨며 집에 가자며 울고불고했을 것이 분명하다. 아마도 난 너무 미안해서 같이 울었겠지. 엄청난 에너지로 아이를 달래고 병원에 가서 폐에 물이 들어가지는 않았는지 저체온은 아닌지 '난리부르스' 체크를 하고 끝내 5만 원짜리 로봇을 품에 안겨주며 밤새 경기라도 할까 꼬옥 품에 안고 잤을 것이다. 그리고 몇 년간은 수영장 근처도 안 갔을 것이다.

그런데 나는 울지 않았고 그 어떤 표현도 하지 않았으며, 당연히 아무것도 모르는 엄마는 나를 위로할 수도, 내 고통에 개입할 수도 없었다. 나는 스스로 엄마의 개입을 차단했던 것이다.

둘째, 왜 나는 그날 이후에라도 그 사건을 엄마에게 말하지 않았는가? 엄마가 그 액자를 보며 귀여워 할 때,

"엄마 지금 웃음이 나와? 저 날 무슨 일이 있었는 줄 알아? 엄마가 친구들이랑 수다 떠느라고 나 혼자 수영장에 뒀지? 제정신이야? 나, 그날 물에 빠져서 죽을 뻔했어. 엄마 수영장에서 왜 애를 안 봐? 수영장은 애가 혼자 놀기 위험한 곳 아니야? 물에 빠져 죽는 거 순식간이야. 안전의식 너무 없는 거 아니야? 아… 엄마는 항상 그랬어. 친구들하고 얘기하는 게 나를 돌보는 것보다 재미있고 중요하지. 엄마가 누

chapter 1 애증: 사랑이라는 이름의 상처

군가와 이야기를 하고 싶을 때 난 이 세상에서 없는 사람이 되고 항상 혼자 남겨졌어. 나 죽을 뻔했다고! 기분 나쁘니 저 사진 당장 치워! 귀엽긴 뭐가 귀여워? 하나도 안 귀여워! 죽다 살아난 애가 뭐가 귀여워!"

아…, 여기에라도 쓰니 속이 좀 시원한 것 같다. 왜 나는 엄마에게 단 한마디도 하지 않았을까(어머니, 왜 일찍 돌아가셨나요? 제가 이렇게나 할 말이 많은데). 상담 선생님에게 물었다.

"왜 저는 그날 울지도 않고 그날 이후로도 그 사건에 대해 단 한 번도 말하지 않았을까요? 겨우 다섯 살이었는데."

"아마 그날이 처음이 아니었을지도 몰라요. 엄마에게 말해도 소용없다는 어떤 내적인 좌절감이 그 이전에 이미 형성되었을 가능성이 있어요."

"아…, 그렇군요."

아이를 원했지만 육아에는 전혀 재능이 없었던 엄마는 내 기억의 모든 순간 날 할머니에게 맡겼고 엄마는 쉽게 함께 시간을 보낼 수 없는 사람, 나를 기다리게 하는 사람, 나를 혼자 두는 사람, 나를 좋아하지만 나에겐 관심이 없는 사람, 나에게 질문하지 않는 사람, 나를 사랑하지만 어떻게 사랑을 주고받는지는 모르는 사람, 항상 자신의 인생에 자기의 문제만이 가득한 그런 사람이었다.

아마도 기억나지 않는 시절부터 엄마는 내가 기대하는 엄마의 자리에서 조금 좌표가 어긋나 있었고, 나는 그런 엄마에게 어떤 기대도 하지 않을 정도로 내적 좌절을 경험했던 것 같다. 그리고 또 한편으로는 인생이 힘든 엄마의 사랑을 놓치지 않는 방법은 다시 말해 그녀가 너무 힘든 나머지 나의 손을 놓지 않게 하기 위해서 나는 절대로 그녀의 골칫거리가 되지 않아야 했다. 나는 엄마를 좋아했고, 엄마의 향기를 그리워했고, 엄마를 기다렸으니까. 돌아보면 난 정말이지 외로운 아이였다.

> 외로움이란 어떤 의미로 연결되지 않은 것을 가리키는 감정입니다. 고로 외로운 감정에서 빠져나오기 위해서는 '연결'이 핵심이 됩니다. (중략) 그런데 누군가가 있는 그대로의 나를 받아주지 않는다면 외로움이 배가 되기도 합니다. 아니면 자기 자신이 좋은 사람을 연기하느라 본심을 숨겼을 가능성도 있습니다. 좋은 사람을 연기하면 평판이 좋아지거나 표면적인 연결은 만들 수 있을지 모르나 마음속에는 채워지지 않는 외로움이 쌓이게 됩니다.
>
> **미즈시마 히로코, 《유리멘탈을 위한 심리책》, pp.167~168, 갤리온**

chapter 1 애증: 사랑이라는 이름의 상처

난 엄마와 연결되기를 원했지만 연결되지 못했고 그래서 좌절했으며 그럼에도 불구하고 다시금 엄마와 연결되기를 기대했다. 엄마와의 애증의 관계는 그렇게 어린 시절부터 시작된 것이었다. 내 침묵은 엄마가 내게 준 내적 좌절에 대한 복수였고, 그 복수는 결국 엄마의 사랑을 갈구하는 것에 대한 왜곡된 표현이었다. 엄마는 항상 내가 냉정하다고 했다. 착하지만 어려운 딸, 모범생이라 좋고 웃겨서 좋은데 결국엔 냉정한 딸. 나는 자라면서 엄마와 피상적으로는 아주 잘 지내고 엄마를 아주 많이 웃겨주었지만 엄마에게 나에 대한 진짜 정보는 주지 않았다. 엄마는 내가 어떤 사람인지 돌아가시기 전 1년 즈음 처음으로 경험했고 나도 엄마가 죽음을 기다리는 그 시점에서야 비로소 엄마에게 내가 어떤 사람인지 드러냈다. 내가 오랜 시간 엄마를 향해 보이지 않게 침묵했던 이유가 그날의 수영장 사건에 대한 복수라는 것을 스스로 알게 되었을 때 마음이 아팠고 조금 후회가 됐다. 아주 큰 후회를 하지 않은 건 그 선택 또한 다섯 살 아이가 생존하기 위해 결정한 나름의 선택이었기 때문이다. 가슴 아프지만, 그리고 최고의 선택은 아니었지만, '너도 참 나름대로 고생이 많았다'고 말해주고 싶었다.

진정한 나를 찾기 위한 무의식의 선택

그래도 그날 엄마한테 말해도 됐을걸. 엄마란 존재는 다섯 살 아이가 추측하는 것보다는 더 크고 넓은 존재였을 텐데…. 그날 울면서 엄마에게 달려갔으면 정말 좋았을걸. 엄마는 분명 나를 안고 걱정하고 위로해주고 혼자 두어 미안하다고 했을 텐데, 그날 많은 것이 엇갈리고 말았다. 아이들은 이렇게 어른이 예측하는 것보다 많은 것을 가슴에 담아두고 산다. 이것이 어른들이 끊임없이 아이의 마음을 따라다니면서 진심을 알기 위해 애써야 할 이유이다. 생각이 많은 아이들은 어른의 짐작보다 많은 것들을 가슴속에 담고 살아간다.

지금 겪고 있는 관계 문제의 많은 열쇠들이 과거의 어느 지점에 있다. 그 열쇠를 찾아 문을 연다는 것은 힘겹고 두렵고 숨 막히는 일이다. 내 무의식이 왜 돌아가신 엄마와의 사건을 내게 숨 막히는 불면증으로 끌고 왔는지 완벽히 알지 못한다. 인간이라는 존재란 회복과 치유를 스스로 갈망하는 존재이기 때문이 아닐까, 하고 스스로 짐작할 뿐이다. 무의식이란 타자가 우리에게 남긴 흔적이며, 인간은 무의식을 탐색하는 것을 통해 타인이 자신에게 남긴 흔적을 발견하고, 타자가 남긴 영역을 인지하는 만큼 자신의 영역을 인지하며, 그렇게 비로소 독립적인 존재가 되어가는 것이니까. 나에게 가장 큰 영향을 남긴 엄마라는 존재를 소외시키는 한 진정한 나를 찾기 어려우므로, 진정한 나를 찾고자 하는 내 갈망 그리고 내 무의식이 나를 인도해 나를 찾게 하였다고 정리했다.

어느 날 아이가 누워서 이렇게 말했다.

"정말 신기하단 말이야. 엄마는 그냥 좋은데 그냥 좋은 게 세상에서 제일 좋단 말이야. 신기한 일이야~."

나는 이렇게 세상에서 제일 좋은 엄마를 경험하진 못했지만 내 아이에게 그러한 엄마는 되어주고는 있는 것 같으니 뭐, 이만하면 상처는 많았어도 괜찮은 것 같다. 괜찮아지기까지 숨 막히는 시간이 있었지만 고통이 준 답변은 가치가 있었다. 하지만 정말이지 그 숨 막히는 경험은 다시는 하고 싶지 않다. 부모님들이여, 수영장에서 애 잘 보자!

버림받을지도 모른다는 불안

초등학생이었던 나는 학교가 끝나면 쏜살같이 집으로 달려왔다. 친구들과 어울려 불량식품을 사 먹고 놀이터에서 놀다가 오락실로 새는 작은 일탈은 꿈조차 꿀 수 없는 사치였다. 집으로 달려오면 일단 할머니에게 가방을 던져주고는 곧장 엄마랑 둘이 쓰던 아랫방으로 들어가 장롱을 열어 엄마 냄새를 맡았다. 그리고 엄마의 옷가지들을 확인했다. '엄마 도망갔나, 안 갔나….' 엄마의 옷들이 그대로 있으면 안도의 한숨을 내쉬었다. "아…, 다행이다. 엄마가 안 갔어." 내가 그처럼 조속히 귀가했던 이유는 엄마가 도망가지 않은 '무사한 하루'를 조금이라도 빨리 확인하기 위해서였다. 엄마의 옷장에 옷이 꽉 차 있으면 그건 오늘도 무사히, 다행인 하루라는 뜻이니까.

chapter 1 애증: 사랑이라는 이름의 상처

드라마를 보면 아빠가 괴롭히는 엄마들은 늘 도망을 갔다. 그런 장면들이 나는 너무 무서웠다. 우리 아빠는 심리적으로 엄마를 많이 괴롭히고 때로는 집 안 물건을 던지고 부수며 폭력까지 행사했다. 어린 내가 보기에도 엄마가 도망가는 것이 하나도 이상하지 않은 집이 바로 우리 집이었다. 아주 가끔, 아빠가 집에 오시는 날이면 집 안은 꼭 태풍이 지나간 것 같았다. 엄마는 항상 슬퍼 보였고, 엄마를 이 혹독한 집에 머물게 하기에 '나'라는 존재는 너무도 가녀리기만 했다. 나를 버리기만 하면 엄마는 자유를 찾을 수 있을 터였다. 나는 많은 시간 엄마가 나를 두고 자유를 찾아가는 상상을 했다. 엄마가 나를 두고 떠날 것 같은 불안은 초등학교 1, 2학년 때 최고조에 달했다. 하지만 한 번도 이런 내 감정을 엄마에게 말로 표현한 적은 없었다. 그저 혼자 조용히 옷장을 확인하고 '오늘도 무사해서 다행인 하루'에 안심하는 것으로 스스로 불안을 다루는 의식을 조용히 치렀다. 엄마의 옷장을 열어보는 내 습관은 1년 정도 계속됐는데, 그 사이 다행히 한 번도 엄마의 옷장에서 엄마의 옷이 사라진 적은 없었다. 하지만 그때 그 시절 헐레벌떡 엄마의 옷장을 열어젖히곤 했던 느낌은 지금도 생생하기만 하다. 행복하지 않은 엄마 곁에서 나는 절대 행복한 아이가 될 수 없었다.

> 어머니가 자녀와 어떻게 예민해지고 정서적으로 연결되는지는 불분명하다. 그것은 어머니와 태아의 생리적 상호작용에서 출생 이전에 발생할 수 있다. 아마도 그것은 출생 이후 초기 어머니와 자녀의 상호작용에서 발생한다. 그것은 시간을 지나면서 그 과정을 확장하는 각자 불안한 관계가 서서히 진화된 과정이거나 혹은 이런 일련의 모든 과정일 수 있다.
>
> 대니얼 페이퍼로,《보웬가족치료를 위한 짧은 이론서》, p.108, 시그마프레스

엄마와 아이는 불안을 주고받는다. 엄마의 태내 환경은 엄마의 스트레스와 호르몬에 영향을 받기 때문에 아이는 태아 때부터 엄마의 불안을 감지할 수 있다. 아마도 나는 태아 시절부터 불안을 느끼면서 태어났을 것으로 추측해본다. 나는 환영받는 아이가 아니었다. 누군가의 입장에서 나의 탄생은 그 자체로 분노이자 혼란이었다. 많은 사람들에게 나의 등장은 예상치 못한 변수였다. 변수로 태어난 아이, 그게 나였다.

이제는 생각해본다. 지금의 나보다 열두 살이 더 어린 나이에 엄마는 나를 낳았다. 환영받지 못하는 아이, 태어나면 어디에 누혀야 할지조차 알 수 없는 아이를 낳는 일은 서른다섯 살의 엄마에게 얼마나 무섭고 불안한 일이었을

chapter 1 애증: 사랑이라는 이름의 상처

까. 그녀는 왜 나를 포기하지 않고 낳았을까. 그런 상황에서 그녀가 불안을 느끼는 것은 지극히 정상적인 일이었고, 나 또한 엄마의 불안을 나누어가지며 불안을 느끼는 것이 당연했다. 인간이 불안한 상황에서 불안을 느끼는 것은 정상이니까.

탄생도 불안이었는데 성장의 나날도 불안이었다. 같이 살지도 않았던 아버지는 우리 외갓집의 재산까지 끌어다 사업을 했다. 결국 아버지의 사업은 부도가 났고 빚쟁이들이 안방까지 들어와 자리를 차지하고 앉아 있는 날도 꽤 많았다. 정말이지 외할아버지와 외할머니는 어쩌면 그리도 마음씨가 좋았을까. 밤이고 낮이고 빚쟁이들은 들이닥칠 때면 나는 자는 척하며 이불을 뒤집어쓰고 쿵쿵 뛰는 내 심장소리를 들으며 불안과 온몸으로 싸웠다.

내 안의 어린아이가 흘린 눈물

이런 내 어린 시절의 불안은 성인이 된 후에도 내게 많은 영향을 미쳤다. 수면장애 상담을 받으면서 그간 표현하지 못했던 어린 시절의 불안에 대한 이야기가 수없이 나왔다. 그러면서 많은 눈물을 흘렸는데, 그러던 중 이상한 경험을 하게 되었다. 어느 날부터인가 자꾸만 꿈에서 어떤 아이가 달려와 나에게 안기는 것이었다. 이게 뭐지…? 꿈인 듯 현실인 듯 상상인 듯 반복되는 이 느낌. 자다가도 달려드는 그 아이의 느낌에 잠이 깨고 새벽을 맞이하기도 했다. 대체 이 아이는 누구일까? 당황스러운 그 느낌을 곰곰이 되짚어 보는데 그 아이는 아무래도 나인 것 같았다. 그 시절 모든 게 불안했던 어린 내가, 지금의 나에게 달려와 안기고 떠나가고, 다시 달려와 안기기를 반복하고 있었다. 그 아이가 나라는 걸 명확히 느낀 순간, 나는 정말 많이 울었다. 어린 시절 옷장을 열면서 흘리지 못했던 모든 눈물을 그제야 흘렸다. 나는 달려드는 아이를 있는 힘껏 꼭 끌어안고 말해줬다.

"이제는 괜찮아, 괜찮아. 정말 수고했어. 더 이상 불안해하지 않아도 돼. 그때는 힘이 없는 어린아이였지만 이제 넌 강하고 힘이 있는 어른이 됐잖아. 이제 다 괜찮아. 아픔은 끝났어…."

그렇게 아이를 끌어안고 눈물 흘리며 며칠이 지나자 아이는 더 이상 오지 않았다. 참으로 신기하게도.

이처럼 자신의 탄생과 초기 생애 발달의 과정에서 불안을 느낀 사람들은 살다 보면 자신 안의 불안과 마주하는 경험을 많이 하게 된다. 그 불안은 마음을 괴롭게 하는 데에서

chapter 1 애증: 사랑이라는 이름의 상처

그치지 않고 종국에는 자신과의 관계 나아가 인간관계에서 겪는 심리적 어려움으로 이어진다. 딸만 이미 셋인 집에 또 딸로 태어나서 이름마저 '끝남이'로 하사받으며, 미래에 태어날 남동생의 길을 이름으로 예비했던 여성들, 엄마가 싱글인 채 임신해서 사회적 편견 가득한 시선을 받으며 태어났던 사람들, 남동생이 죽은 후 태어나서 남동생 잡아먹고 태어난 아이라는 말도 안 되는 소리를 들은 딸들, 반복되는 아버지의 외도로 불행한 가정에서 성장했던 사람들…. 이런 사람들은 존재 자체에 불안이 스며 있으며 불안에 민감하다. 이들의 상상 속 미래는 과거처럼 불안하기만 하다.

나 역시 그랬다. 존재와 경험에 스며든 불안이 대인관계를 맺는 방식 특히 생각과 감정에 많은 영향을 미쳤다. 나는 누군가와 관계가 지속되는 게 너무 불안했다. 진짜 속마음은 관계가 오래도록 지속되기를 바랐지만 행여 내가 소중히 여기는 이 관계가 곧 깨질 것만 같아 노심초사하며 괴로워했다. 운명적인 사건이 생기든, 상대의 마음이 변하든, 아니면 내가 구차해지는 상황 속에서 관계가 끝날 것 같은, 상대가 나를 버리고 떠날 것 같은 불안한 마음이 가시지 않았다. 그래서 때로는 너무도 불안한 나머지 내가 먼저 떠나버리는 슬픈 선택을 했다. 관계가 지속된다는 것은 기나긴 불안을 견뎌야 하는 혹독한 길이었기 때문이다.

결혼을 하고 나서도 그랬다. 꼭 누구에게 사고가 날 것만 같고 병에 걸려서 불행해질 것 같은, 관계를 상실하고 결혼은 무효가 되며 나는 다시 혼자가 될 것 같은 불안들이 항상 저변에 깔려 있었다. 다시 혼자 남겨질 것 같은 불안이 나의 무의식 깊은 곳에 있었다. 이것은 배우자와는 상관이 없는, 아주 고질적인 나만의 문제였다. 그래서 나는 밤늦게 뭐가 먹고 싶어도 남편에게 사오라거나 사달라는 말을 잘 하지 않았다. 예전에 라디오에서 어떤 남편이 아내의 간식을 사러 나갔다가 교통사고로 죽은 사연을 들은 뒤 나의 불안이 더욱 구체화됐기 때문이다. '봐, 이런 일이 생기잖아. 봐, 저 여자는 혼자가 됐잖아. 그건 너무 무서운 일이잖아.' 소중한 사람이 곁에 있을수록 나의 불안도 커졌다.

불안을 낮추는 힘

시간이 지나면서 가랑비에 옷 젖듯이, 불안보다는 안정의 지분이 점점 더 커지는 기현상이 일어났다. 무슨 극적인 사건이 발생한 것도 아니고 로또에 당첨된 것도 아니었다. 그저 자연스럽게 점점 불안감이 작아지고 안정 쪽으로 무게

중심이 기울어가기 시작했다. 기본적으로 불안이라는 감정이 인간에게 완전히 사라질 수는 없기에 말끔하지는 않지만, 간헐적으로 또 공포스럽게 '너 혼자 될지도 몰라! 너 버림받을지도 몰라!' 하고 나를 협박하던 그 목소리들의 볼륨이 점점 작아지고 있었던 것이다. 그렇게 된 이유가 대체 무엇일까, 생각을 정리해봤는데 대략 다음과 같다.

> 그때의 나는 취약했지만, 지금의 나는 타인과 안정적인 관계를 맺어도 충분할 만큼 적당히 불완전하고, 적당히 완전하다. 그리고 어쩌면 예전의 그들은 최선을 다했을 것이다. "나는 현재와 나와 나의 사람들을 지키겠다." 그런 생각과 태도가 마음 깊이 스며들 때까지 (중략) 베개 같고 이불 같은 무던하고 안정적인 사람과 재양육 관계를 맺거나 혹은 내가 나 자신을 재양육할 필요가 있습니다. UCLA대학 정신건강의학과 임상교수 댄 시겔은 이렇게 애착관계를 재형성하면 뇌가 재배선rewire the brain된다고 말합니다.
>
> **허지원, 《나도 아직 나를 모른다》, p.93, 김영사**

이 이야기를 다시 설명하자면 이렇다. 인간의 뇌가 불안에 잠식당했다 하더라도 안정적인 관계를 경험하면 다시 안정감을 느끼는 뇌로 재배선된다는 것이다. 인간은 유아 시절 많은 상처를 받으며 사랑과 사람에 대한 왜곡된 생각을 가지고 성장한다. 하지만 그것으로 끝은 아니며, 성인이 되어 자기 자신이 자기를 사랑하려고 애쓰고 또 안정적이고 좋은 사람을 만나 지속적인 사랑을 하면(위의 인용에서 언급했다시피 댄 시겔 교수는 이렇게 뇌가 재배선되는데 필요한 시간을 5년으로 봤다) 인간의 뇌는 재배선 되고 새로운 생각과 감정들을 구성한다는 것이다. 이는 다시 태어나는 것과 다름이 없다. 더불어 자기 자신이 자기를 양육하는 것을 통해서도 인간은 치유되고 성장한다. 인간은 유아 시절의 상처를 청산하고 재탄생할 수 있는 것이다.

"음… 괜찮네."

"다 떠나는 건 아니야…."

"난 사랑받을 수 있어!"

이런 식으로 자신과 상황에 대한 생각이 바뀐다. 정말 놀라운 사실이다. 좋은 관계의 경험으로 뇌가 재배선된다니. 결국 인간에게 가장 상처를 주는 존재는 인간이지만 인간에게 또 치유가 되는 존재도 인간인 것이다.

만일 내게 연애와 결혼이 인간에게 주는 유익이 무엇이냐 묻는다면 바로 인간이 다른 인간에게 사랑이라는 이름으

chapter 1 애증: 사랑이라는 이름의 상처

로 크나큰 기여를 할 수 있는 부분이라 이야기하고 싶다. 상처받았던 뇌도 사랑을 통해 행복을 느끼는 뇌로 바뀌게 되는 것이다.

어느 날 밤, 아이가 농구를 해서 피곤하다며 다리를 주물러달라고 했다. 그날은 나 역시 너무나 피곤한 날이었기에 "이눔아, 엄마는 온종일 서서 강의하고 차도 오래 타고 밥도 못 먹고 집에 왔는데 넌 이런 엄마가 불쌍하지도 않냐?"라고 했다. 그러자 아이가 황당해하면서 엄마가 뭐가 불쌍하냐고 엄마는 쌩쌩하고 힘차기만 하다는 것이다. 아이는 엄마가 불쌍하다는 생각을 한 번도 해본 적이 없단다. 엄마는 세고 멋있는 존재라고…. 아이의 말에 기분이 너무 좋아진 나는 열심히 아드님의 다리를 주물러드렸다.

그래, 내 엄마는 연약하고 불안했지만, 그래서 어린 시절의 나도 연약하고 불안했지만, 이제 어른이 된 나는 강인하다. 아이의 눈에 나는 더 이상 불안하고 힘없는 존재가 아니기에 내 아이 또한 결코 불안하지 않다. 이처럼 불안함으로부터 자유로운 멋진 손자를 엄마가 꼭 한번 안아볼 수 있었다면 얼마나 행복해하셨을까.

두 얼굴의 엄마

    아는 아이가 있다. 어느 날 밤 길에서 그 아이와 마주쳤다. 아이는 아홉 살, 아주 어린 나이인데 편의점에서 혼자 저녁을 먹고 집으로 가고 있었다. 가는 길이 캄캄했다. 아홉 살 어린 꼬마가 홀로 캄캄한 길을 걷게 할 수는 없었다. 캄캄하니까 아줌마가 데려다준다고 하니 싫지 않은 표정이었다. 아이와 밤길을 5분 정도 걸었다. 길이 무섭지 않냐고 물으니 가로등이 희미한 길의 끝에서 조금만 무섭다고 했다. 1학년 때부터 이렇게 지내서 익숙하다고 했다. 아이는 부모님이 바쁘다고 했고, 집에 먹을 것을 많이 해놓으셨지만 자기는 라면이 좋다고 했고, 엄마가 오면 밤에 다시 또 저녁을 먹을 거고, 자기는 캄캄한 것이 아주 무섭지는 않다고 했다. 아이는 차분하고 조숙했다. 마치 열아홉 살짜리와 대화하는 것 같았다.

chapter 1 애증: 사랑이라는 이름의 상처

아이의 집 앞에 도착했다. 캄캄한 집에 어린아이를 혼자 들여보내려니 영 마음이 쓰였다. 집안 형편도 좋은데 왜 아이의 부모님은 잠시 저녁이라도 챙겨줄 베이비시터를 고용하지 않고 아이를 이렇게 혼자 두는 걸까, 잠시 생각했다. 아이는 곧, 9시 정도면 부모님이 오신다고 했다. 아이를 집에 데려다주고 오는 길이 슬펐다. 아마도 그 당시 '엄마'라는 존재에 대해 한참 상담을 받고 있던 때라 더욱 민감한 상태였는지 모르겠다. 어린 나이, 매일매일 캄캄한 집에서 혼자 가족을 기다려야 하는 그 아이의 처지에 어린 시절 내 모습이 겹쳐졌다. 그리고 그날 밤 꿈을 꾸었다. 강렬하고 명료한 꿈이었다.

꿈에서 나는 아이와 함께 아이의 집에 들어갔다. 아이가 화장실에서 손을 씻고 있는데 아이의 엄마가 집에 왔다. 아이의 엄마는 몸통은 하나이지만 두 개의 머리 즉, 두 개의 얼굴을 가지고 있었다. 한 개의 얼굴은 머리가 차분하게 긴, 착해 보이지만 힘이 없는 사람의 얼굴이었고 나머지 한 얼굴은 사람은 아니고 메두사의 얼굴처럼 괴물 같은, 언젠가 한 번쯤 피카소의 그림에서 본 것도 같은, 강하고 원색적이고 분열적인 느낌의 얼굴이었다. 어릴 적 우리 집 2층 방에 걸려 있던 피카소 그림처럼, 이해하기 어렵고 조금은 무서웠던 그때 그 얼굴이 꿈속에 나타난 것이다. 나는 머리가 두 개인 아이의 어머니에게 문을 열어주었다. 그녀는 들어와 소파에 눕더니 두 개의 얼굴로 나를 바라보았다. 나는 그녀에게 아주 못마땅한 기분을 느끼며 꿈에서 깼다.

섬뜩하고 기괴했다. 그리고 결국 그 꿈은 우리 엄마에 관한 것이었다. 어린 시절, 엄마와 친하지도 않고 안정적인 관계를 맺지도 못했던 나는 엄마가 어떤 사람인지 잘 알지 못했다. 지금도 정확히 잘 모르겠다. 사실 한 인간을 어떤 사람으로 분류하고 정리한다는 것 자체가 불가능하고 말이 안 되는 일이지 않은가. 인간이라는 존재 자체가 하나로 통합되고 해석해 정리될 수 없는 존재이니 말이다. 그럼에도 불구하고 어린 시절 나는 엄마를 열렬히 해석하고 깔끔하게 통합하고 싶었다. 인간이 얼마나 다양한 모습을 가지고 있으며, 대상에 따라 얼마나 변화무쌍하게 달라지는지, 인간이 얼마나 광범위하고 규정하기 어려운 존재인지 알지 못했다. 나는 엄마를 하나의 프레임 안으로 구겨 넣어 통합하고 싶었다. 엄마는 내게 여러 조각으로 나뉜 존재였고, 그 조각들마다 내게 불러일으키는 감정이 다 달랐다. 통합되지 않은 엄마의 존재는 나에게 힘든 대상이었다. 그 힘든 감정이 싫었다.

엄마는 나를 예뻐했지만 나에게 시간을 쓰지 않았고, 어떤 부분은 과잉보호하면서 또 어떤 부분은 지나치게 방치했다. 엄마는 항상 일로 바쁘면서도 내가 자신을 떠나지는 못하게 했다. 엄마는 나에게 집착하면서도 늘 다른 곳을 바라보고 있었다.

　나는 사람들이 일반적으로 '엄마'라고 부를 때 느끼는 그 감정이 무엇인지 잘 모른다. 나의 엄마는 일반적이지 않았기 때문에 일상에서 불리는 엄마라는 단어가 주는 정서를 잘 모른다. 가끔 엄마라는 단어에 할머니를 대입해서 불러보면 '아… 내가 할머니에게 느끼는 이 감정이 다른 사람들이 엄마에게 느끼는 감정인가 보다' 하고 추측할 뿐이다. 내게 엄마는 할머니였다. 할머니는 나를 낳지만 않았을 뿐 모든 순간 나에게 엄마였다. 할머니의 존재는 내게 분열적이지 않고 일관적이다. 무시웠지만 재미있었고 나를 아껴주고 사랑해주고 항상 애틋해했다. 할머니는 모호하지 않다. 그러나 엄마는 나에게 모호했다. 베일에 싸인 존재 같고 안개 같다. 엄마는 나에게 안개 낀 날이다. 더 답답한 것은 이제 이 세상에 계시지 않으니 묻고 싶은 게 있어도 '당신은 어떤 엄마인가요? 나는 당신에게 어떤 존재였나요?' 하고 물을 수도 없다는 점이다. 나는 엄마라는 존재의 조각조각들을 하나로 끼워 맞춰 통합하고 싶었지만 그것은 끝내 이루어지지 않았다. 엄마는 내게 꿈에서 본 것과 같은 두 개의 얼굴이자 깨진 유리조각이었다. 잘못 밟으면 아팠다. 그 지점이 괴로웠다. 엄마가 어떤 사람인지, 엄마가 내게 어떤 엄마인지 해석하지 못하면 나라는 존재의 실체 또한 찾을 수 없었다. 하지만 엄마는 이미 죽었고, 죽은 엄마를 기억하는 것만으로 더 이상의 통합은 불가능했다. 괴로움의 한가운데에서 허우적거리던 어느 날, 융의 페르소나 개념에 대해 알게 되었고 이것이 내게 큰 위안을 주었다.

> 융에 따르면, 사람은 누구나 사회적 압력에 적절히 반응하기 위해 천 개의 가면을 가지고 살아가며, 다양한 상황에 따라 적절한 페르소나를 가지고 사회적 관계를 맺어가는 존재입니다. 다만 이러한 페르소나와 관련한 억압, 고립감, 혹은 팽창이 병리적인 문제가 되는 것입니다. 가면은 다양할수록 좋습니다. 혼자 있을 때의 자신과 다른 사람들과 함께 있을 때의 자신, 그리고 사회생활을 할 때의 자신은 당연히 달라야 합니다. 예를 들어 당신이 집에서의 모습과 똑같은 태도로 중요한 모임에 참석했다면, 그것이 병리적인 상태입니다.
>
> **허지원, 《나도 아직 나를 모른다》, p.33, 김영사**

인간이란 원래 완전한 통합이 불가능한 존재일 뿐더러

chapter 1 애증: 사랑이라는 이름의 상처

굳이 통합이라는 것을 하지 않아도 문제가 되지 않는다. 여전히 엄마는 내게 조각난 존재들의 집합이라 하더라도, 그 여러 조각들은 어쩌면 그녀가 힘든 시간을 살아내기 위해 썼던 여러 종류의 가면이었음을, 내가 그걸 통합해내지 못했다 해도 이제 나의 존재는 안전하다. 그리고 또 하나, 결국 통합하지 못한다는 건, 나는 엄마의 분신이 아니라 전혀 다른 존재라는 사실을 반증하는 것이므로 엄마를 통합하지 못한다는 것과 내 존재의 안정감은 더 이상 상관관계가 없다. 생각이 여기까지 흐르자 두 얼굴의 분열된 엄마에 대한 나의 혼란은 정리되었다. 엄마를 통합하기 위한 집착은 사라졌다.

가지리소토가 알려준 진실

가끔 내가 아이에게 우리 엄마가 나한테 보였던 모습을 답습하고 있다는 사실을 깨닫고 가슴이 덜컥하는 순간들이 있었다. 예를 들면, 엄마는 나와 시간을 보내는 방법을 그리 잘 아는 사람은 아니었다. 나와 잘 놀 줄 몰랐고, 뭔가를 공유할 줄 몰랐다. 엄마는 쉬는 날이면 집에 있지 못했고 항상 나를 데리고 외출을 해서 경양식집에서 돈가스를 사주거나 백화점이나 좋은 식당에 데리고 갔다(아쉽게도 이마저도 집이 폭삭 망한 열 살 이후에는 불가능했다). 아마도 그것은 엄마가 쉬는 방식임과 동시에 나와 시간을 보내는 방식이었을 것이다. 그때 난 어디든 상관없었고, 뭘 먹어도 상관없었다. 그냥 엄마가 어딜 가지 않고 엄마랑 함께 있는 그 시간이 너무나도 행복할 뿐이었다.

그런데 어느 날 보니, 내가 내 아이에게 그러고 있었다. 둘이 있을 땐 "아이스크림 먹을래?", "마트 갈래?", "도넛 먹고 갈까?" 하며 자꾸 나가자고 꼬드겼다. 이런 현상은 꼭 아이와 내가 단 둘이 남겨졌을 때 반복적으로 일어났다. 물론 귀여운 아들에게 맛있는 걸 사주는 것만큼 행복한 일은 또 없겠지만, 분명히 그것은 내가 겪었던 엄마의 방식이기도 했다. 엄마와 다른 엄마이고 싶었는데 결국 똑같은 엄마가 되어가는 것은 아닌지 두려웠다.

그러던 어느 날, 가지리소토 사건이 일어났다. 대부분의 아이들이 그렇듯이 우리 아이도 채소를 거의 먹지 않는다. 채소만 보면 입을 틀어막고 고개를 돌려버리는 아이에게 채소를 먹이는 방법은 볶음밥과 리소토뿐. 사건이 발생한 그 주에도 아이는 채소가 마치 악당이라도 되는 듯 외면했다. 너무너무 피곤했지만, 30년 뒤 혈관 질환에 시달릴지 모르는 아들을 상상하며 가지를 잘게 자르고 잘라 리소토를

chapter 1 애증: 사랑이라는 이름의 상처

만들었다. 그런데 아이는 콩쥐를 도와준 새처럼 정확히 가지만을 골라내서 모아두는 것이 아닌가. 영혼까지 끌어모아 잘게 자른 가지를 장인정신으로 분리해놓은 아이의 접시를 본 순간, 그만 폭발했다. 엄마들이 그렇듯이 별거 아닌 일에 뭐, 그렇게 되었다.

"너! 이렇게 채소를 안 먹으면⋯ 블라블라⋯ 네 건강이 걱정⋯ 블라블라⋯ 네 입맛은⋯ 블라블라⋯ 너 엄마가 요즘 얼마나 피곤⋯ 네 맘대로⋯ 다 필요 없어! 어차피 인생 허무하고⋯ 블라블라⋯."

결국 가지리소토는 인생무상으로 결론이 나고, 아이는 가지 한 번 골라냈을 뿐인데 폭발하는 엄마 앞에서 잔뜩 졸아 도무지 이해힐 수 없나는 표정으로 앉아 있었다. 퍼부어대고도 열이 식지 않은 나는 소파로 가서 몸져누워 2탄을 시작했다.

"가지⋯ 응? 그걸 얼마나 더 맛있게 해줘야 삼켜? 응? 뭐, 꿀에 담가? 블라블라⋯."

그런데 그러고 좀 누워 있자니 이런 생각이 들었다.

'음⋯ 난 엄마랑 좀 다른데? 이거 다른 거 아냐?'

우리 엄마는 일단 내게 반찬을 해준 적이 없고, 오직 소시지만을 주었으며, 내가 채소를 안 먹는다고 단 한 번도 잔소리를 하거나 화를 낸 적이 없다. 내게 그것은 자율이 아닌 일종의 방임으로 느껴졌다. 엄마는 자신의 책임을 다하지 않고 나를 완전히 할머니에게 위임해버린 것이다. 하지만 그랬던 엄마와 달리 나는, 가지가 대체 뭐라고, 가지를 먹지 않은 아이의 30년 뒤 혈관이 너무도 걱정된 나머지 격분까지 하고 말았는가. 내 어머니는 내 편식에 관여하지 않았고 스트레스도 받지 않았지만 난 아이가 가지를 거부한 것에 진심으로 스트레스를 받으며 속상해하고 있었다. 그래, 우리는 분명히 달랐다.

"그때 자신이 더 좋은 어머니가 된 느낌이 들었나요?"

이 이야기를 듣던 상담 선생님이 물었다. 그렇다. 엄마에겐 미안하지만 솔직히 나는 그렇게 느꼈다. 난 아이의 편식이 속상한 지극히 평범한 엄마였고 그 사실이 뛸 듯이 기뻤다. 내 엄마는 평범하지 않았으며 일반적이지도 않았다. 그래서 너무도 원망스러웠던 엄마와 내가 분명히 다른 존재라는 게 안심되었다. 엄마가 가진 정서적 상처는 적절히 치유되지 못할 시 딸에게로 옮겨지며 엄마 팔자는 곧 딸 팔자라는 심리적 불행으로 진화와 확장을 이룬다. 나는 언제나 그 사실이 두려웠고 그래서 항상 엄마처럼 살지 않겠다고 다짐하며 저항적인 삶을 살았다. 그런데 그 부분에 너무 집중한 나머

chapter 1 애증: 사랑이라는 이름의 상처

지 오히려 엄마와 내가 서로 다른 독립적인 존재라는 사실을 간과하고 있었던 것은 아닐까. 생각해보면 정말 당연한 것인데, 엄마와 난 다른 사람이니 서로 다른 삶을 사는 것이 당연한데, 왜 난 내가 엄마처럼 될까 봐 그렇게도 걱정했을까.

한때 나는 진정한 내 모습을 찾기 위해 엄마의 조각난 모습을 하나로 통합하고 싶었다. 엄마가 어떠한 존재인지 파악할 수 있게 되기를, 엄마를 완벽히 해석하기를 갈망했다. 그 방법만이 현재 내 불안과 방황을 정리하는 길이라 믿었던 까닭이다. 하지만 엄마에게는 생존을 위한 여러 가지 가면이 필요했다. 엄마와 내가 서로 다른 존재라는 사실을 인식하는 것, 그것만으로도 충분하다는 것을 가지가 알려줬다. 가지기 앞으로 우리 아늘의 혈관도 지켜주면 좋겠지만, 엄마를 하나로 통합해야 한다는 숙제가 더 이상 숙제가 아님을 알려준 것만으로도 너무 고맙다. 엄마는 한 가지 모습일 수 없고, 모든 엄마는 다 다르고 유일하며, 나 또한 유일한 하나의 엄마다. 왜 나는 한 가지 색의 통일만을 정답이라 생각했을까. 스테인드글라스나 유리 공예, 조각보처럼 여러 조각이 어우러져 예술적이고 멋있는 작품이 탄생할 수도 있는데 말이다. 이 모두를 가지 사건이 내게 일깨워주었다. 가지에게 이런 생각지도 못했던 놀라운 효능이 있었다니!

엄마의 이중메시지

딸은 어른이 되어가며 서서히 깨닫는다. 엄마의 말이 모두 진실은 아니며 또한 엄마가 항상 합리적인 존재가 아니라는 사실을. 엄마는 딸을 키우며 무수한 메시지를 쏟아내고 딸도 딸 나름대로 '좀 이상한데?' 하는 생각이 드는 것은 걸러내기도 한다. 하지만 가랑비에 옷 젖는다고 했던가. 결국 딸은 일정 부분 엄마의 메시지를 내면화하면서 성장할 수밖에 없다. 그리고 문제에 봉착한다. 엄마라는, 반드시 합리적이지만은 않은 존재가 지시한 명령어에서 오류를 발견하는 것이다. 순간 딸은 '이게 아니잖아!' 혹은 '그게 아니었어?' 하고 큰 충격을 받으며 대환장파티의 주인공이 되고 마는 것이다.

유라는 성장기부터 대학을 졸업할 때까지 엄마의 엄격

한 통제 안에서 자랐다. 유라의 일거수일투족은 엄마의 레이더망 안에 있었다. 대학생이 되어서도 엠티 한 번을 맘 편히 갈 수 없었다. 여자는 남자들과 함부로 어울려서는 안 된다고 믿는 엄마 때문이었다. 유라의 엄마는 유라를 청정지역으로 관리해 선 시장에 내놓을 생각이었다. 한번은 대학때 조별과제 때문에 학교에서 밤을 새워 준비를 해야 했는데, 딸의 말을 믿지 못한 유라 엄마가 학교에 나타나 기어이 유라를 집으로 데려가는, 말도 안 되는 사건이 일어나기도 했다.

그날 이후, 유라는 엄마의 통제에 차라리 순응하는 편을 택했다. 그런데 안타깝게도 유라가 대학을 졸업할 시점에 유라 아버지의 사업이 망하면서 유라는 취업전선에 뛰어들어야 했다. 그렇게 유라는 엄마가 꿈꾸던 선 시장에서 아주 멀어졌다. 그녀는 실질적인 가장이 되어 집안 경제를 꾸려갔다. 다행히 일에서 두각을 나타낸 유라는 꽤 괜찮은 연봉을 받을 수 있었고 그렇게 10년을 일하는 사이 아버지도 새로운 일을 시작하면서 집안은 어느 정도 안정세를 찾게 되었다. 그런데 그때, 새로운 문제가 불거졌다. 마음의 여유를 되찾은 유라의 엄마가 다시금 예전처럼 딸을 통제하기 시작한 것이다. 그런데 엄마의 메시지는 이전과는 완전히 반대였다.

"넌 남자 안 만나니? 내 친구 딸들은 남자친구랑 여행도 가고 그런다는데 넌 아예 남자 안 만날 생각이야? 퇴근하고 만날 집에만 오고 어디 갈 데도 없어? 같이 놀 남자 동창도 없어?"

유라는 그날 진심으로 인생 최고의 분노를 느꼈다고 털어놓았다. 자신의 인생 전부를 도둑맞고 거짓말에 속은 느낌이었다는 것이다. 본인이 한창 남자들과 편하게 어울리고, 친구도 되고, 썸도 타고, 사귀기도 해볼 나이에는 남자들과 같이 있는 것이 무슨 죄라도 짓는 것처럼 통제하더니 이제 와서는 자신이 남자도 못 만나는, 어디 하자라도 있는 것 같은 취급을 하다니, 어이가 없는 정도가 아닌 극강의 분노를 느낀 것이다. '내가 누구 때문에 이렇게 됐는데! 엄마 말을 들은 내가 바보였어!' 유라는 아직도 엄마를 용서하기 어렵다고 했다.

엄마의 이중메시지는 다양한 형태로 등장해 딸을 혼란의 구렁텅이로 빠뜨린다. 유라의 경우처럼 인생 전체를 관통하는 대환장 이중메시지도 있고, 일상에서 반복되는 깨알 같은 이중메시지도 있다. 어느 쪽이 되었든 엄마의 이중메시지는 만만치가 않다.

chapter 1 애증: 사랑이라는 이름의 상처

일상 속 엄마의 이중메시지

수희는 일상 속에서 수없이 반복되는 엄마의 이중메시지 때문에 저혈압 따위는 모르고 살고 있다. 수희 엄마가 오늘도 실천하는 이중메시지는 소소하지만 대략 이런 것들이다.

장면 #1: 사과

(어느 날 사과 선물이 들어왔다. 금딱지가 붙은 사과가 색도 곱기에)

수희: "와! 사과 예쁘다. 엄마, 하나 깎을까?"

엄마: "너나 먹어. 난 속이 안 좋아. 소화 안 될 거 같아."

수희: "진짜? 아예 안 먹을 거야?"

엄마: "응."

(수희가 엄마의 닝 받들어 혼자서 사과를 야무지게 깎아 먹는다. 수희가 마지막 사과 조각을 씹고 있을 때)

엄마: "야… 매정하다, 매정해. 어쩜 한입 먹어보라고 권하질 않니?"

장면 #2: 화장품

수희: (화장품을 주문하며) "엄마, 이거 되게 좋대. 엄마 것도 하나 같이 살까?"

엄마: "됐어, 돈 쓰지 마. 좋은 거 다 사서 쓰면 언제 돈 모을래?

난 됐어."

(화장품 도착, 수희 혼자 바르고 있을 때)

엄마: (수희가 눈에 보일 때마다) "아유, 정말 요즘 왜 이렇게 얼굴이 당기니…."

(이후 엄마, 수희를 볼 때마다 얼굴 당긴다고, 당긴다고 랩을 하신다.)

장면 #3: 비밀

(엄마가 할머니에 대한 불만을 한 보따리 꺼낸다. 그리고 수희에게 신신당부하기를)

엄마: "너 오늘 한 얘기 절대 비밀이야. 잠꼬대도 하면 안 돼. 아빠한테 절대 말하지 마."

(수희, 엄마의 명 받들어 독립투사의 심정으로 엄마의 비밀을 지킨다. 며칠 후,)

엄마: "넌 눈치껏 분위기 봐서 얘길 해야지, 그걸 또 곧이곧대로 그렇게 융통성이 없게 한마디도 안 하니? 참… 답답하다…."

(큰 깨달음은 얻은 수희, 다음에는 엄마가 절대 하지 말라는 말을 분위기 봐서 아빠한테 눈치껏 한다. 그랬더니 엄마, 대노하며)

엄마: "넌 엄마 말을 귓등으로 듣니? 왜 하지 말란 얘기를 해서 이 사달을 만들어? 판단력이 그렇게도 없어? 할 말, 안 할 말 분간 못해?"

chapter 1 애증: 사랑이라는 이름의 상처

수희는 엄마가 이런 식으로 깨알 같은 이중메시지를 남발하는 덕에 '엄마의 이중메시지'라는 제목의 책을 한 권 엮을 수 있을 정도가 되었다. 이처럼 엄마들의 이중메시지는 딸들의 삶을 파고들며 혼란과 분노를 안겨준다.

뭐라고? 아빠를 사랑했다고?

내가 엄마에게 받은 이중메시지는 아빠에 관한 것이었다. 아빠가 없을 때 엄마는 '아빠는 왜 나쁜 남자인가'에 대해 아침저녁으로 브리핑했다. 아빠가 얼마나 악인인가에 대한 소식은 〈모닝와이드〉에서 〈이브닝뉴스〉로 이어졌고, 아빠의 악행은 낱낱이 까발려졌다. 아빠는 탁월한 예술가였다. 문제는 야망 또한 넘치는 예술가였다는 점이다. 아빠는 항상 혼자 지냈고 가족들에게 정확한 정보를 주지 않았다. 그러다 어느 날 갑자기 듣도 보도 못한, 상상을 초월하는 금액의 부도를 내 가족들이 거리에 나앉게 만들기도 했다. 그리고 이런 일은 내가 스물두 살이 될 때까지 두 번이나 반복되었다. 아빠는 늘 자신의 예술적 열망과 야망에 충실했고 그만큼 가족과의 거리는 멀었다. 나는 항상 아빠가 우리를 버린다고, 이번에도 또 버리고 배신한다고 느끼며 살았다.

종국에 아빠는 예술가로서 만족할 만한 업적을 남기는 데에는 성공했지만 그로 인해 가족들은 버거운 과제를 짊어져야 했다. 이런 아버지였기에 우리는 모두 힘을 합쳐 그를 미워하는 것이 합당하다고 생각했다.

그런데 막상 아빠가 집에 오는 날이 되면 얘기는 뒤집혔다. 엄마는 장을 봤다. 돈이 없다면서 고기도 사고, 돈이 정말 없다면서 게도 사고…, 아빠가 좋아하는 반찬으로만 한 상을 차렸다. 평소 아빠에 대한 평가를 종합해보면 아빠에겐 식은 죽 한 그릇도 아깝고 아빠가 문밖에서 소금을 맞고 돌아가도 이상할 것이 없었다. 그런데 엄마의 말과 행동이 너무나 달랐다. 집에 온 아빠는 왕 대접을 받았다. 블랙코미디 그 자체였다. 나는 눈앞에 펼쳐지는 일련의 과정들을 전혀 이해할 수 없는 것은 물론 우스꽝스럽다고 느끼기까지 했다. 그 혼란을 통합할 수 없었던 나는 최대한 거리를 두면서 엄마 아빠의 관계를 바라보는 관망자가 되었다.

이중메시지 중에서도 특히 배우자에 대한 이중메시지는 자녀에게 큰 혼란을 준다. 아이들은 아빠에 대한 엄마의 평가를 들으며 그것을 자신이 내린 평가로 대치해버린다. 아이가 생각하는 아빠 혹은 아이가 느끼는 아빠는 그렇지 않지만 아빠에 대한 엄마의 메시지가 너무도 강하게 부정적인 나머지

chapter 1 애증: 사랑이라는 이름의 상처

아이들은 자신의 생각을 뒤로 하고 엄마와 한편이 되어 아빠를 미워하는 데 동조한다. 일종의 연대를 형성하는 것이다. 악인과 선인이라는 흑백논리로 인물을 배치하면 이야기가 더욱 간결해지는 원리다. 그렇게 아이들은 엄마와 자신을 한편으로 놓는다. 더더욱 딸은 엄마와 자신을 동일시하면서 아빠를 미워한다. 그런데 엄마에게는 사실 아빠에게 사랑받고 싶은 욕구가 있다. 그렇기에 엄마가 스트레스는 자녀들에게 다 풀고 정작 남편은 웃는 낯으로 맞이한다면, 자녀에게 있어 배신도 이런 배신이 없는 것이다. 내 엄마는 살아계시는 동안 아빠에 대한 이중메시지를 끝도 없이 날렸고, 그러한 엄마의 이중메시지는 엄마가 돌아가신 후에까지 내게 강편치를 날렸다.

상담을 받은 지 8개월 정도 되었을 때였다. 나를 혼자 키우면서도 누구와도 재혼하지 않고 끝까지 혼자 외롭게 살았던 엄마에 대한 이야기를 털어놓던 날이다.

"엄마는 정말 예뻤어요. 기회도 정말 많았고요. 그런데 엄마는 왜 저를 두고 떠나지 않았을까요?"

그러자 상담 선생님이 대답했다.

"아빠를 사랑하셨기 때문 아닐까요? 그리고 지윤 씨를 사랑했으니 떠나지 않은 거겠죠."

"네? 엄마가 아빠를 사랑했다고요? 아니에요. 선생님이 모르셔서 그래요. 엄마는 아빠를 평생 원망하고 증오했어요. 만날 울었다고요. 아빠 때문에 얼마나 고생을 많이 했는데요. 절대로 사랑하지 않았어요!!"

"정말… 사랑하지 않았을까요? 서로에 대한 사랑이 비록 엇갈렸다 하더라도 두 분이 서로 사랑했다는 것이 지윤 씨에게 더 나은 일 아닌가요?"

순간 해머로 후려갈겨 맞은 느낌이 들었다. 배신이었다. 뭐라고? 사랑? 기가 막혀…. 사랑을 했다고? 엄마가 아빠를 사랑했다고? 아빠를 끝까지 사랑했다고? 너무 어지러운 나머지 하늘이 빙글 돈 것만 같았다. 속까지 울렁거렸다.

'내가 얼마나 힘을 다해 함께 미워해줬는데, 나랑 한편이 아니었다고? 내가 얼마나 온 힘을 다해 함께 아빠를 미워해줬는데…. 그럼, 내 인생은 뭐가 되는 거야? 평생 나한테 미움만 받았던 아빠는 또 어떻게 되는 거야? 난 한 번도 엄마가 아빠를 사랑한단 얘기를 들어본 적이 없는데?'

아, 과연 나는 완벽히 속은 것인가? 두 분 다 돌아가셨으니 정말 환장할 노릇이었다. 팩트체크를 할 길이 없는 것이다. 잠시 패닉에 빠져 있던 마음을 추스르고 얼른 이모에게 전화를 걸었다. 그래 이모한테 확인해보는 거야…. 일단 전화를 걸어서 다짜고짜 물어보자. 앞뒤 재지 않고 이모 입에

chapter 1 애증: 사랑이라는 이름의 상처

서 바로 튀어나오는 말이 진실이겠지.

"이모, 나야. 혹시 엄마가 아빠를 사랑했어?"

"…응, 사랑했어."

"뭐라고? 사랑했다고? 이게 말이 돼? 평생 증오하고 미워한 거 아니었어?"

"뭐… 애증이지. 남녀가 헤어지고 갈등하고 그런 거지. 그래도 사랑했어, 끝까지. 이모는 알아. 우리 언니니까."

밑도 끝도 없이 물어봤는데 사랑했다니…. 그날 느꼈던 충격과 배신감은 이루 다 말로 표현할 수가 없다. 이후 시간이 흐르고 흘러 '그래, 아빠를 미워했던 것보다는 사랑했던 것이 낫지' 하고 정리하기까지 나는 내 사랑도 아닌 게다가 이미 떠나버린 엄마의 사랑 때문에 마흔 줄의 나이에 큰 사랑앓이를 해야 했다. 아카시아 잎을 하나씩 뜯고 싶은 심정이었다고 할까? '사랑했다. 사랑하지 않았다. 사랑했다. 사랑하지 않았다…. 사. 랑. 했. 다.' 난 바보가 됐다.

딸은 아주 주도면밀하게 엄마의 말과 행동을 관찰한다. 딸은 스카프를 힘없이 푸는 엄마의 느린 손동작에서 엄마의 슬픔을 감지한다. 딸은 엄마의 기분을 살피고 엄마를 걱정한다. 딸에게 엄마의 말은 진리가 되고, 엄마의 입장이 진실이 된다.

그런 엄마들은 자신이 어떤 식으로 혼란스러운 이중메시지를 딸에게 쏟아내고 있는지 모른다. 자신이 내보낸 메시지가 과연 어느 정도의 일관성이 있는지 인지하지 못하고 그로 인한 혼란은 오롯이 딸들의 몫이다. 아이들은 부모를 자세히 관찰하고 또 이들에게서 깊은 영향을 받는다.

보통 이중메시지는 엄마 안에 존재하는 갈등이 잘 정리되지 않을 때 발생한다. 엄마의 내적 갈등이 분열적인 상태로 새어 나올 때 그것은 이중메시지가 되어 아이들을 교란한다. 따라서 엄마는 비록 모든 메시지를 통합해 전달하는 것은 불가능하다 하더라도 최대한 하나의 통합된 메시지만 방출하도록 노력해야 한다.

그리고 엄마 스스로 자신이 이중메시지를 설파하는 이중 첩자였다는 사실을 깨닫게 되거나, 또 살다 보면 어쩔 수 없이 예의나 배려 때문에 이중메시지를 전하는 순간이 온다면 아이들에게 자신이 앞뒤가 다른 말과 행동을 하게 된 이유나 과정에 대해 설명해주어야 한다. 이중메시지를 쓸 수밖에 없었던 이유와 과정을 들은 아이들은 또 그 설명을 통해 세상을 살아가는 배움을 얻기도 한다.

기업 강의를 다니다 보면 상사들 중 주로 이중메시지를 쓰면서 자신이 원하는 답을 혼란스럽게 전하는 분들이 있

chapter 1 애증: 사랑이라는 이름의 상처

다. 이랬다저랬다, 이거라고 했다가 저거라고 했다가…. 원하는 건 있는데 본인 스스로도 자신이 원하는 바를 정리하지 못해 메시지 자체가 혼란스러운 상사들. 그 상사들의 한마디에 사람들은 운동장 오른쪽을 달리다가 다시 왼쪽을 달리다가 우왕좌왕…. 사회적인 에너지가 그 얼마나 아깝게 소비되는지. 그들을 모시는 직원들은 거의 독심술사 혹은 예언가가 되어야 한다.

엄마가 이중메시지를 던지면 결국 아이들은 큰 혼란에 빠져 망연자실하게 된다. 그러니 신중하게 돌아보자. 무심코 던지는 말 중 이중메시지는 없는가. 아이들에게 물어봐도 좋다. 엄마가 이랬다저랬다 말이랑 행동이 다르거나 표정이랑 말이 다르고, 어제 한 말과 오늘 한 말이 서로 다르지는 않은지. 엄마의 말과 진짜 마음이 다른 것 같아 엄마의 속마음 알아차리느라 힘들거나 헷갈린 적이 있는지. 아이들은 생각보다 많은 데이터베이스를 가지고 있다.

인간은 비합리적인 존재다. 이중메시지를 던질 수밖에 없기도 하다. 하지만 또 다른 한편으로는 인간은 성장하는 존재이다. 그렇기 때문에 오늘 우리의 딸들에게는 최대한 이중메시지를 전하지 않도록 노력해야 한다. 고장 난 컨트롤 타워만큼 사람을 진 빠지게 하는 것은 없기 때문이다.

그녀와의 이별

그냥 일단 한번 가보자 하고 간 병원에서 엄마는 암 3기 판정을 받았다. 수술을 하려고 했지만 사전 검사에서 다발성 전이가 발견되어 수술도 의미가 없다는 소견을 받았다. 병원 복도에서 담당 의사 선생님에게 물었다.

"그냥 단도직입적으로 말씀해주세요. 통상 이런 케이스의 경우 얼마의 시간이 남아 있는 것인가요?"

"단언할 수 없지만, 보통은 1년에서 1년 6개월의 시간이 남았다고 봅니다."

1년에서 1년 6개월. 1년에서 1년 6개월이란 어느 정도의 시간일까…. 병원 복도에 서서 생각했다. 계절이 네 번, 운이 좋다면 여섯 번 바뀌는 시간이다. 그렇다면 이제부터 뭘 해야 할까. 무엇을 할 수 있을까? 뭘 해야만 할까? 기적이

chapter 1 애증: 사랑이라는 이름의 상처

일어나지 않는다면 엄마는 1년 6개월 뒤, 이 세상에 없다. 세상에 엄마랑 나랑 둘뿐인데, 난 엄마밖에 없는데, 엄마는 곧 죽는다. 엄마는 어떻게 죽어갈까? 많이 아프게 될까? 그러면 난 뭘 어떻게 해야 하는 것일까? 엄마가 죽으면 난 어떻게 되는 것일까? 잠시 생각을 정리하고 병실로 들어갔다. 환자복을 입고 있는 엄마는 약간 창백한 것이 소피아 로렌처럼 예뻤다. 엄마는 통상적인 환자들의 경우처럼 15개월의 투병을 하고 생을 마쳤다.

15개월간 엄마와 나에게는 많은 일들이 있었다. 나는 직장을 관두고 엄마를 간호했고 엄마는 정신없이 항암주사를 맞으며 부작용과 통증, 두려움과 싸웠다. 나는 때마다 병원비도 마련해야 했고 생활비도 벌어야 했기에 잠깐씩 아르바이트를 했고, 살림도 했고, 많이 울기도 했다. 엄마는 그냥 죽어버리고 싶다고 했다가, 다시 살고 싶다고 했다가, 울기도 했다가, 웃기도 했다가, 토하기도 했다가, 화를 내기도 했다가, 또 모든 것을 의연하게 받아들이기도 했다.

그렇게 투병 기간이 1년쯤 지나자 엄마와 나는 예견된 이별과 죽음을 서서히 받아들이기 시작했다. 기적이 일어나면 좋겠지만 아무래도 기적은 우리를 비껴갈 것 같았다. 엄마와 나는 조금씩 죽음과 이별을 받아들일 준비를 했다.

2003년 8월 내 생일에 엄마가 미역국을 끓여줬다. 아마도 엄마가 끓여주는 마지막 미역국이 될 터였다. 마지막이란 걸 알고 미역국을 끓이고 있는 엄마의 심정은 지금 어떨까. 미역국을 휘휘 젓는 주삿바늘 자국이 가득한 엄마의 야윈 손을 보며 생각했다. 엄마는 명랑하게 미역국을 건넸다. 마지막이니까 맛있게 먹으라고. 엄마가 미안하다고. 난 '마지막'이라는 단어를 곱씹으며 엄마의 미역국을 먹었다. 미역국이 점점 줄어드는 게 너무도 아쉽고 슬펐다.

시간은 멈추지 않고 계속 흘렀다. 시간의 흐름은 가혹하리만큼 빨랐다. 엄마는 점점 더 힘이 없어지고 야위어갔다. 죽음이 우리를 향해 달려오고 있었다. 자고 일어나면 그만큼 죽음의 얼굴이 가까워졌다. 가끔 엄마는 아침에 컨디션이 안 좋으면 간호에 지친 나에게 이런 말을 하기도 했다.

"지윤아, 이제 진짜 얼마 안 남았어. 조금만 더 견뎌. 곧 끝나."

엄마는 나보다 훨씬 더 여유 있게 죽음과 이별을 받아들이고 있었는지도 모른다.

돌아가시기 석 달 전, 엄마가 물었다. 엄마랑 살면서 행복했던 기억이 뭐가 있느냐고. 어렸을 때 엄마가 업어줬을 때, 겨울에 나를 업고 코트로 덮어씌운 채 길을 걸으며 나한테 장

chapter 1 애증: 사랑이라는 이름의 상처

난을 치며 다리를 간지럽히고 그랬을 때, 엄마의 등에 업혀 깔깔거리던 그 순간이 제일 행복했다고 답했다. 그러자 엄마가 그럼 지금 한번 업혀보라고 했다. 엄마는 그날 밤 병원 침대에 앉아 나를 업어줬다. 나는 엄마의 등에 업힌 시늉만 한 채 한참을 있었다. 엄마 등에 파묻혀 울고 또 울었다. 엄마도 울었다. 그것이 엄마와 내가 나눈 진짜 마지막 인사였다. 우리는 서로 많은 말을 하지는 않았지만 많은 이야기를 주고받았다. 그렇게 그날 밤 병원 침대에서의 그 순간은 내가 엄마를 기억하는 가장 행복하고도 아름다운 추억이 되어 남았다.

엄마의 투병을 함께하며 이런 생각을 하곤 했다. 사랑하는 사람의 예견된 죽음과 갑작스러운 죽음, 둘 중 무엇이 더 나을까, 무엇이 덜 슬플까, 무엇이 더 슬플까. 의미 없는 질문이었다. 어떤 형태라 하더라도 둘 다 가늠할 수 없는 절대적인 슬픔일 테니까.

사랑하는 사람의 죽음은 우리에게 너무도 큰 파장을 남긴다. 안타깝게도 지구상 거의 모든 사람들이 사랑하는 사람의 죽음을 겪으며 고통의 파장을 경험한다. 그리고 대부분의 사람들은 사랑하는 사람들 중 으뜸인 엄마의 죽음을 경험한다. 그리고 절대적인 존재였던 엄마의 죽음은 측량이 불가능한 큰 슬픔과 상실을 남긴다.

엄마의 죽음 앞에 선 딸들은 다음과 같이 다양한 종류의 감정을 경험한다.

1. 너무도 많은 사랑을 받았던 딸들

엄마와의 이별이 그저 너무 슬프고 엄마의 존재가 그립기만 하다. 순전한 슬픔이다.

➜ 보편적인 상실과 애도의 과정을 거친다. 충분히 슬퍼하고 충분히 그리워하며 살아가면 된다.

2. 엄마와의 관계에서 애증이 있었던 딸들

슬픔과 동시에 과제를 떠안게 된다. 엄마는 왜 그랬을까? 엄마는 나에게 무엇을 남겼나. 엄마 이러고 가면 어떻게 해? 엄마 그때 왜 그랬어? 난 어쩌라고.

➜ 분열된 엄마의 이미지는 결국 통합될 수 없다. 인간이라는 존재가 원래 여러 종류의 모순적인 모습과 가면을 동시에 갖고 있는 것이다. 그러니 엄마이기 이전에 그런 복합적인 인간이 존재했다는 사실을 받아들이는 편이 낫다. 돌아가신 엄마에게 편지를 쓰는 것도 당신의 마음을 가다듬는 방법이 될 수 있다. 마음과 생각을 정돈하는 데 도움이 될 것이다. '엄마다움'이라는 고정관념, 모성신화를 벗어버릴수

록 엄마를 이해할 수 있는 폭도 넓어진다. 하나 더 위로의 말을 보태자면, 인간의 기억은 늘 왜곡된다. 아마도 엄마가 당신에게 준 것이 상처만은 아닐 것이다. 당신에게는 분명히 사랑받았던 순간에 대한 기억도 있을 것이다.

3. 엄마를 경험하지 못했던 딸들

어렸을 때 엄마와 분리된 채 성장했거나, 아예 얼굴도 모르고 살았는데 죽음의 소식만 듣게 되었거나. 이런 경우 딸들은 매우 혼란스럽다. 상실에 상실이 더해지는 고통이 딸의 마음을 뒤흔든다. 엄마는 어떤 사람이었을까? 엄마는 나를 사랑했을까?

→ 엄마를 경험하지 못한 다수의 딸들은 더욱 훌륭한 엄마가 되기 위해 애쓰는 경우가 많다. 엄마에 대한 경험이 없기 때문에 오히려 아이들을 더욱 애틋하게 챙기고 엄마 역할에 최선을 다하는 훌륭한 여성을 많이 보아왔다. 그러니 상실의 아픔에 빠져 있지 말고, 자기 자신에게 대단하다 칭찬해주면 좋겠다. 운명의 소용돌이가 삼키지 못하게 자신을 지키며 좋은 엄마의 길을 걷고 있기까지 하다면 그것만으로도 충분하다고 말해주고 싶다. 40대 이후의 삶에 대한 책임은 과거에 있지 않고 전적으로 자기 자신에게 있다고 했다.

아쉬운 과거는 이미 지나갔고 현재와 미래를 자신이 원하는 방향으로 만들어가면 된다.

딸에게 엄마의 죽음이란 절대적인 경험이다. 딸은 대부분 심리적으로 엄마와 매우 깊이 연결되어 있다. 엄마와 살아온 세월이 길면 심리적인 연결의 고리는 더욱 강화된다. 가끔 70대 노모와 40~50대 딸의 갈등을 바라보고 있노라면 갈등의 양상이나 수준이 부부 갈등 뺨친다는 느낌을 받곤 한다. 그만큼 딸들은 셀 수 없는 신경망이 서로 연결되어 있는 것처럼 엄마와 치밀하게 연결되어 있는 까닭이다. 그렇기 때문에 딸들에게 엄마의 죽음은 그 누구의 죽음보다도 강렬하다.

내 외할머니는 아흔두 살의 나이로 생을 마감하셨는데 할머니를 보내드린 이모가 장례식을 치르며 이런 말을 했다. 넌 이 아픔을 어떻게 20대에 혼자 겪었느냐고. 네가 얼마나 아팠을지, 엄마를 잃는 고통이 뭔지 몰랐는데 이모는 이제야 알게 됐다고. 이처럼 딸에게 엄마의 죽음이란 당해 보기 전까지는 가늠과 상상이 불가한 정도의 슬픔이다.

그러므로 딸에게는 엄마의 죽음을 잘 받아들이고 소화하고 애도하는 충분한 시간이 필요하다. 눈물을 참을 필요도, 그리운 마음을 애써 숨길 필요도 없다. 엄마에 대한 기억들을 이야기하고, 엄마의 물건과 사진 들도 충분한 시간을 갖고 정리해야 한다. 애도의 기간이 언제 끝날지는 알 수 없다. 사람마다 다를 것이고 엄마와 맺었던 관계의 양상에 따라 다를 것이다.

> 사랑하는 사람의 죽음은 이제까지 이해하고 있던 자기와 세계를 크게 교란시킨다. 애도는 우리가 이별을 하고, 깨진 관계의 문제들을 살펴보며, 관계와 파트너의 특성으로부터 가능한 한 충분히 새로워질 수 있게 하는 정서이다. 따라서 우리는 애도를 통해서 새롭게 자신과 세계를 이해할 수 있다.
>
> 베레나 카스트, 《애도》, p.8, 궁리

딸은 애도를 통해 하루아침에 하늘과 땅이 사라지는 상실과 심장이 찢기는 이별의 고통을 딛고 한 번 더 자기 존재의 성장을 이룰 수 있다. 다행한 것은 이러한 상실의 경험이 모두 마이너스 값으로 끝나지는 않는다는 사실이다. 상실은 어떤 의미에서는 다른 측면의 '득'을 의미하기도 한다. 예를 들어 난 20대에 엄마를 잃은 대신 80대 노모의 노후를 걱정하는 한숨을 쉴 필요는 없다.

자녀를 키우는 과정에 있어서도 상실은 다른 한편으로 득을 의미한다. 엄마들이 그런 말을 자주 한다. 아이들이 너무 귀여워서 크는 게 아깝다고, 나도 그랬다. 너무 귀여워서 아이가 크는 게 아까웠다. 너무 아까워서 마음이 쓰릴 지경이었다. 다섯 살짜리 아들을 앉혀놓고 세 살 때 사진을 보고, 일곱 살이 된 아들을 앉혀놓고는 다섯 살 때 사진을 보여주며 '이때 정말 애기였던 네가 너무너무 귀여웠다'고, '네가 너를 봐도 귀엽지 않냐'며, 휴대전화 사진첩을 보고 보고 또 들여다봤다.

그러던 어느 날 문득 이런 생각이 들었다. 다섯 살 아이는 이제 없지만 대신 지금은 엄마랑 마트를 가면 무거운 것도 들어주는 건장한 아들이 있고, 비록 "우쭈쭈, 그래떠요" 해줘야 하는 세 살짜리 아들은 사라졌지만 같이 뉴스를 보며 잡담할 수 있는, 사회적인 대화가 가능한 10대 아들이 내 곁에 있지 않은가. 상실은 완료된 어떤 상태가 아니라 삶의 한 부분이요 과정인 것을 예전엔 미처 몰랐다. 이처럼 상실의 양면을 깨닫게 된 이후에는 상실을 맨홀에 빠지는 것과 같은 상황이라고만은 느끼지 않게 되었다.

올해로 엄마가 돌아가신 지 17년이 되었다. 아직도 가끔 사무치게 엄마가 그립고 보고 싶다. 그럴 때면 그냥 좀 울고,

chapter 1 애증: 사랑이라는 이름의 상처

그러다가 커피 마시고, 그러다가 드라마 한 편 보고, 또 그렇게 살아간다. 인간으로서 상실을 완전히 피해 갈 수는 없겠지만 더불어 인간에게는 애도의 능력이 있기에 또한 자신을 위로할 수 있는 능력도, 망각할 수 있는 능력도 있기에 이 얼마나 다행한 일인지 모르겠다. 그리고 이런 생각도 든다. 이토록 크나큰 상실감을 안겨줄 만큼 나를 사랑해준 소중한 존재가 내 인생에 존재했다는 그 사실이 더 중요한 일이 아닐까. 사랑이 남기는 여운은 상실보다 더 크니까 말이다.

나를 비롯해 엄마를 잃은 모든 이들에게 위로를 나누며 이번 장을 마친다.

Chapter 2

조율
: 서로를 홀로 서게 하는 적정거리

엄마는 큰언니

아이의 논술학원에서 《몽실 언니》 읽기를 숙제로 내주었다. 권정생 선생이 쓴 《몽실 언니》는 해방과 한국전쟁 시절을 살아야 했던 우리 언니의 언니의 언니의 기구한 이야기이다. 《몽실 언니》는 스토리 진행이 잔혹 동화처럼 혹독하기 이를 데 없으며 이야기의 굽이굽이마다 몽실 언니의 처참한 현실이 구구절절 가슴을 저민다. 아…, 머리 스타일마저 가슴을 후벼 파는 몽실 언니.

2021년, 외동의 삶을 살며 피자와 치킨으로 오동통해진 길을 걷고 있는 우리 아이에게 몽실 언니의 이야기는 너무도 큰 충격이었던 모양이다. 어느 날 퇴근을 하니 아이가 현관 앞까지 나와서 심각한 얼굴로 이야기를 꺼냈다.

"엄마, 《몽실 언니》 읽어봤어? 이게 초등학생 논술 숙제로 맞는 책이야? 와…, 뭐야… 몽실 언니 얼마나 불쌍한 줄 알아? 이건 말이 안 돼. 작가가 사이코패스 아냐? (권정생 선생님 정말 죄송합니다. 아이가 충격을 받아 쓴 표현이니 이해해주세요.) 어떻게 아이에게 소중한 모든 사람들을 다 죽이냐고. 그리고 동생들은 또 얼마나 많은 줄 알아?"

아이는 마치 〈그것이 알고 싶다〉를 본 것 마냥 큰 충격을 받은 얼굴이었다. 시대의 간극이 컸나 보다. 생각해보면 몽실 언니는 딱 아이의 할머니, 나의 엄마 또래들이 자란 그 시절의 인물일 뿐인데 말이다. 우리의 몽실 언니들은 그 고유한 일자 단발머리에서 웬만한 비바람에도 풀리지 않을 짱짱한 파마머리로 헤어스타일만 바뀌었을 뿐, 아직도 우리 곁에 건재하고 있지 않은가. 우리들의 엄마, 큰이모, 할머니들이 바로 몽실 언니다. 단, 예전에 이들이 몽실 언니라고 불렸다면 지금은 K-장녀* 라고 불릴 뿐, 그녀들의 위대한 삶은 우리 곁에서 현재진행형이다.

엄마의 출생순위는 엄마의 캐릭터 형성에 아주 큰 영향을 미친다. 출생순위 외에도 영향을 미치는 것들이 많지만

---

* 온라인상에서 흔히 쓰이고 있는 신조어. 코리아Korea의 앞 글자 'K'와 맏딸을 뜻하는 '장녀'의 합성어다. -〈경향신문〉 2020년 4월 5일자 참조.

chapter 2 조율: 서로를 홀로 서게 하는 적정거리

특히 한국은 장녀에게 요구하는 특정한 역할이 있기 때문에 그 요구에 부응하기 위해 노력해온 우리의 장녀들은 여러 공통점을 지니며 성장하는 경향이 있다. 'K-장녀'라는 신조어가 괜히 탄생한 것이 아니다.

그런 의미에서 만일 당신의 엄마가 첫째 딸로 태어난 큰언니였다면 정말 대단한 삶을 살아냈을 가능성이 높다. 엄마가 엄마가 되기 전의 삶, 엄마가 되기 전 큰언니였던 시절의 삶을 한번 추척해본다면 어쩌면 지금의 엄마를 전혀 다른 각도에서 이해할 수 있을지도 모른다. 같은 장소라고 해도 주중 아침과 주말 저녁에 갔을 때 느낌이 완전히 다른 것처럼.

개인의 이력과 양육 환경에 의해서 차이가 있을 수 있지만 보통 맏이면서 만 5세 이전에 동생들이 태어난 경우 보편적으로 다음과 같은 특징들을 가진다. 특히 당신의 엄마가 5세 이전에 동생들의 탄생을 '당한' 첫째라면 이런 특성들이 더욱 두드러질 수 있다.

1. 부모로서의 자질을 갖춘다

엄마들은 동생들을 첫째들에게 맡겼다. 설거지할 때, 잠깐 시장에 갈 때도 엄마들은 큰언니에게 동생들을 맡겼다. 그리고 가끔은 이런 말도 했다. "엄마가 없을 때는 네가 엄마야." 큰언니들은 이런 말도 안 되는 말을 들으며 엄마를 도왔고 책임감을 키워갔다. 이런 식으로 첫째들은 어쩔 수 없이 반보모로서의 숙명을 받아들이게 된다. 몽실 언니만 봐도 늘 동생을 업고 지내지 않는가. 그 고유한 헤어스타일 구겨지게 말이다.

 어릴 때 시작된 돌봄의 의무는 죽을 때까지 그녀들을 따라다닌다. 그녀들이 자라며 가장 많이 들은 말은 "동생들 잘 보고 있어", "동생들 밥 잘 챙겨줘" 그리고 "오빠 밥 잘 챙겨줘"이다. 생각해보면 서열상 위인 오빠가 여동생을 돌보고 밥을 차려줘야 하는 것 아닌가? 하긴 미성년임에도 불구하고 보호자인 아빠 밥상까지 엄마와 함께 연대책임을 졌던 그녀들이 아니던가. 그러니 엄마 부재 시 모든 밥상의 책임이 그녀들에게 넘어간 것은 당연한 수순이었는지도 모르겠다. 정말로 이상한 일이 벌어졌던 것이다. 그녀들은 왜 "집안 걱정은 하지 마, 네 인생 살아", "오빠보다 네가 더 공부에 재능이 있으니 대학은 네가 가야지", "오빠한테 밥 차려달라고 해. 아직 넌 어리니 뜨거운 것을 만지면 위험해!"와 같은 말은 듣지 못하고 살았을까.

chapter 2 조율: 서로를 홀로 서게 하는 적정거리

2. 책임감 있는 지도자의 면모를 갖춘다

어쩌겠는가? 피할 수 없다면 즐기고 성장하는 수밖에. 첫째들은 어느 새 적응하며 책임감을 키워간다. 그러나 아직은 어리기 때문에 동생들을 돌보는 게 어렵다. 즉, 설득보다는 통제가 쉽다. "야! 이리 와", "하지 마!", "이거 안 준다!", "너만 안 준다!", "내 말 들어라잉~ 픽!" CCTV처럼 매사 동생들의 안위를 살피는 엄마의 기대주 첫째들은 일단 동생들의 기를 휘어잡고 본다. 어쨌든 결과가 좋으면 패스니까. 다사다난한 일상 속 첫째들의 책임감은 통제력과 함께 성장한다.

3. 걱정을 많이 하는 완벽주의자가 된다

하지만 결국 첫째도 아이인 것을, 그 조그만 가슴에 얼마나 많은 고민이 쌓이겠는가. 막내라면 전혀 하지 않았을 집안의 돈 걱정, 아버지의 기분 걱정을 자기 걱정으로 삼고 살았다. '고생하시는 부모님을 더 힘들게 해서는 안 돼. 나에 대해 기대가 크신 부모님을 실망시키지 않아야 해. 그러려면 나는 완벽해야만 해. 그러니 긴장하자. 실수하지 말고! 하지만 너무 외롭다. 난 기댈 곳이 없어.' 잘하려 애쓰지만 불안하고, 불안을 티낼 수는 없는 어린 첫째들은 깊은 밤 혼자 울곤 한다. 자려고 누웠다가 왜 갑자기 눈물이 나는지 알 수 없지만, 혹시 누가 볼까 내복 소매 끝으로 눈물을 훔치면서 동생이 걸어찬 이불을 덮어준다.

4. 조직적이고 지배적인 특성을 지닌다

장녀로 트레이닝받은 삶은 그녀들을 능력 '만렙' 비서실장처럼 만들었다. 하지만 진짜 자신의 마음, 자신이 원하는 것은 잊은 지 오래. K-장녀는 기능적으로 움직이는 데 능숙하고 자신의 욕구를 잠시 접어두는 것에 익숙하다. 장녀들은 엄마가 맹장 수술을 한다고 해도 당황하지 않는다. 침착하게 지시할 뿐. 그녀들은 마치 1년 전부터 오늘 엄마의 맹장이 터질 것을 알고 있었던 예언자처럼 행동한다. 엄마의 맹장 수술을 앞둔 큰언니는 전화로 지령을 내린다.

몽실 언니: (동생 1에게 전화함) "야, 전화를 왜 이렇게 늦게 받아. 톡 봤지? 내가 수술 전날부터 엄마랑 같이 잘 거야. 그러니까 너는 퇴원할 때 와서 운전해. 울지 마. 엄마가 죽니? 늦지 않게 와. 주차장 위치 잘 확인하고. 제부한테 얘기했어? 이따 퇴근하면 얘기해. 괜히 퇴근길에 운전 위험하게 전화하면서 또 울지 말고."

몽실 언니: (동생 2에게 전화함) "밖이야? 주변이 시끄럽네. 너는 병원에 오지 마. 어차피 보호자 두 명밖에 못 들어와. 너는 장을 봐서 죽을 쒀. 엄마 파는 죽 안 먹는 거 알지. 그러니까 죽을 해놓으라고. 청소도 좀 하고. 미리미리 해라. 닥쳐서 하지 말고."

동생 1: "언니, 무리하지 마~!"
몽실 언니: "걱정하지 마. 내 몸은 내가 잘 알아. 충고는 거절한다(이렇게 산 지 50년이다)."

언니는 미국 국방부 펜타곤에 갔어도 정말 일을 잘하는 인재가 됐을 것이 분명허다.

5. 솔직하며 올바른 의견 제시를 잘한다.

동생 1: "언니, 나 미치겠어. 이혼할까?"
몽실 언니: "아니. 나는 네가 미쳤다고 봐. 제부가 보살이야. 내가 너랑 살아봤잖아? 네가 항상 정상은 아니지. 네가 먼저 사과해."

큰언니는 틀린 말을 잘 안 하고 그래서 왠지 재수 없지만…, 공격하려고 해도 그냥 때때로 재수가 없고 무섭다는 것 외에는 딱히 흠을 잡기 어려운 인물. 만일 큰언니가 사회적으로 성공하고 경제력마저 있다면, 남자 형제가 없다는 전제하에 그녀의 말은 집안의 법이 된다. 엄마도 아빠도 그녀의 말 앞에 무릎을 꿇는다. 언니는 무거운 왕관을 쓴 왕이 된다.

6. 엄마의 정서적 공감자 역할을 한다

사람이 한 가지 역할만 해야지, 두세 가지 역할을 동시에 하는 것은 너무도 힘든 일이다. 그러나 몽실 언니들에게는 또 하나의 막중한 임무가 있었으니 바로 엄마의 공감자 역할이다. 몽실 언니가 너무도 열심히 살다 보니 몸살이 나서 이제야 약 한 봉지 겨우 털어 넣고 한숨 자볼까 누웠는데 전화가 온다.

엄마: "에휴…."
몽실 언니: "왜 무슨 일 있어? 아빠랑 싸웠어? 집에 돈 들어갈 일 생긴 거야? 동생들 중 누가 사고 쳤어?"
엄마: "셋 다여…."
몽실 언니: "알았어. 잠깐 갈게. 뭐 드시고 싶은 거 있어?"

약 한 봉지 먹고 낮잠 한 번 자기가 이렇게 어렵다. 장녀들은 결혼해도 원가정인 친정을 떠나기가 쉽지 않다. 원가정이 그녀를 놓아주지 않기도 하고 장녀인 그녀가 차마 엄마, 아빠, 동생들의 손을 놓지 못하기 때문이기도 하다.

만일 당신의 엄마가 전형적인 장녀로 컸다면 이러한 여섯 가지 면모들을 많이 갖추고 있을 것이다. 몽실 언니인 엄마는 때론 자녀인 당신을 통제해 답답하게 했을 것이고, 외골수처럼 타협 없는 성정으로 지켜보기만 해도 짜증이 나게도 했을 것이다. 왜 늘 좋은 걸 누리지 못하고 평생 동생들에게 끌려다니나, 할아버지, 할머니는 왜 좋은 일이 있을 때보다 안 좋은 일이 있을 때 엄마를 더 찾을까 속상했을지도 모른다. 천이 들이 지거볼수록 벅자기만 한 엄마의 삶은 비단 개인의 특성 때문만이 아니라 그녀가 살아온 세상이 그녀에게 남긴 흔적일 것이다. 장남도 물론 힘든 장남만의 삶을 살지만 장녀와 다른 점이 있다. 바로 장남의 희생에는 대우와 보상이 따라오지만 장녀의 희생은 당연시되고 보상이 거의 없다는 점이다. 그러니 장녀로 살아온 엄마들은 참으로 위로받아 마땅하다.

어쩌면 큰언니였던 엄마는 이런 관계의 소용돌이 속에서 단 한 번도 진정한 자기다움을 찾아본 경험이 없을지도 모른다. K-장녀, 우리들의 몽실 언니는 이렇게 살아왔다. 만일 큰딸로 태어나지 않았다면 그녀는 전혀 다른 삶을 살며 다른 존재가 되어 있을지 모른다. 이 지점이야말로 그녀들에게 넘치는 위로를 해주어야 할 이유다. 몽실 언니의 그 헤어스타일은 분명 본인의 의지가 아니었을 것이다. 생존과 임무 완수에 합당한 어쩔 수 없는 선택이었을 뿐.

chapter 2 조율: 서로를 홀로 서게 하는 적정거리

장녀 엄마가 장남 아빠와 결혼했을 때 생기는 일

 부부 사이만큼 어려운 관계가 또 있을까. 세상 그 누구보다 사랑했지만 또 세상 그 누구보다도 분노하게 되는 사이, 부부. 파자마만 입고 사흘 안 씻은 얼굴로 맞장을 떠도 꿀리지 않는다. "넌 오늘도 틀렸어. 역시 항상 내가 맞아." 우기기도 하고 우김을 당하기도 하는 혼돈의 관계, 부부. 결국 사랑이란 안개가 아니었던가. 부부 관계의 어려움 난이도는 최상급이다.
 이처럼 어려운 부부간 갈등에 영향을 미치는 요소는 여러 가지가 있다. 저질 체력, 경제적인 상황, 서로 다른 성격, 시가나 처가의 상황 등 여러 가지가 부부의 관계에 영향을 미친다. 하지만 이런 여러 요소들을 제칠 만큼 강력한 갈등의 원인이 있으니 그건 바로 부부 각자의 출생순위다. 아내와 남편이 몇 남 몇 녀 중 몇째로 태어나고 성장했는가가 부부간 의사소통에 큰 영향을 미친다. 그리고 이것은 자녀들과의 관계에도 그 영향을 이어가기에 이 글에서 상세히 살펴보고자 한다.

　물론 양육환경에 따라 달라질 수 있기에 그 특성을 일반화하는 것이 조심스럽기는 하지만 한국 문화에서는 상당히 많은 부부들이 출생순위에 따른 비슷한 트러블을 겪는다. 출생순위가 과연 인격 형성에 영향을 미치는가에 대한 부분은 학계에서도 의견이 갈린다. 영향을 미친다고 보는 쪽도, 그렇지 않다고 보는 쪽도 있다. 나는 개인적으로 영향을 미친다 쪽에 의견을 보태는 입장이다. 보다 정확히 말하면 한국에서 자란 이들에게는 아주 많은 영향을 미친다고 본다. 왜냐하면 한국은 여전히 '~다움의 덕'이 유지되는 나라이기 때문이다. 첫째다움, 아빠다움, 엄마다움, 사장다움, 신입사원다움…. 그렇기 때문에 이런 정형화된 의식은 양육환경이라고 할 수 있는 부모의 태도와 메시지에 영향을 미친다. 출생순위 자체보다는 양육환경이 중요하다고도 하는데, 우리나라는 가장 큰 양육환경이라고 할 수 있는 부모님 자체가 이 출생순위가 가지고 있는 '~다움의 덕'에서 자유롭지 못하다. 우리 다음 세대의 아이들은 이 틀에서 보다 자유롭고

chapter 2 조율: 서로를 홀로 서게 하는 적정거리

진정한 자기다움을 찾을 수 있기를 기대한다. 하지만 적어도 이 책을 읽는 독자들의 연령대까지는 출생순위가 의사소통 능력이나 인간관계를 맺는 방식, 자신을 인식하는 방식에 큰 영향을 주었을 것이라 본다. 그런 의미에서 관계의 문제를 해결할 때 출생순위를 살펴보는 것은 유의미하다. 그래서 우리는 엄마가 큰언니였을 때 엄마의 인생에 어떤 일들이 일어났고 엄마가 어떤 식으로 관계를 맺어왔는지 살펴보았다.

그런데 만일 장녀인 엄마가 결혼한 남자가 장남이었다면 즉, 당신의 아버지가 장남이었다면 엄마의 삶은 결혼 이후 더 전투적으로 변했을 가능성이 높다. 우리 아버지 세대, 한국의 장남들은 거의 다 원가정을 떠나지 못했다. 결혼을 했다기보다는 자신의 집과 가족 안에 한 여자를 기능적으로 들였다고 하는 편이 더 맞는 표현일 것이다. 장남인 아버지는 아내와 정서적인 교감을 하는 것에는 미숙하며, 자신의 원가정에서는 여전히 부양 책임자이자 가문을 이어가는 책임자로서의 벅찬 숙명을 감당하며 살아가야 했다.

그래서 이와 같은 강인한 특성을 가진 장남과 장녀였던 아빠와 엄마의 결혼생활은 갈등이 상당히 높을 수밖에 없다. 그들은 둘 다 권위적이고 통제적이다. 그들이 부부인 집은 눈만 뜨면, 입만 열면 항상 긴장감이 높아진다. 무엇에서

든 둘의 통제욕구가 충돌하기 때문이다. 돈을 쓰는 문제, 자녀들 교육 문제, 택배상자를 어디에 두느냐의 문제, 아침에 먹는 사과가 위장 장애가 있는 사람에게도 금이 될 수 있는가 없는가의 문제, 3분 후 우회전인지 좌회전인지의 문제, 소인지 돼지인지 혹은 구이인지 수육인지의 문제, 소파를 어느 위치에 놓을 것인가에 대한 문제에 이르기까지 통제자와 통제자의 만남이라고 할 수 있는 엄마와 아빠의 관계는 늘 긴장감으로 팽팽하다. 그래서 이런 부모를 둔 자녀들은 어쩔 수 없이 항상 두 개의 메시지를 듣는다.

자녀: "엄마, 나 아파. 열나는 거 같아. 힘들어. 학교 못 갈 것 같아."
엄마: "그래? 어머, 왜 그러지? 병원 가야겠다."
아빠: "군인은 전쟁터에서 죽고, 학생은 죽어도 학교에서 죽어야지."
자녀: "응????"
엄마: "별… 무슨 전쟁 났어? 말 같지도 않은 소리 하고 있어. 어서 옷 입어, 병원 가게."
아빠: "거 참, 학교 가라니까."

chapter 2 조율: 서로를 홀로 서게 하는 적정거리

아빠와 엄마는 학교와 병원 사이를 부드럽게 타협하거나 조율하지 못한다. 서로 말도 안 되는 소리를 하고 있다며 항상 이해 불가, 용납 불가, 타협 불가로 일관한다. 긴장감은 아이들의 몫이다. 당신이 살면서 항상 두 개의 메시지 때문에 스트레스를 받았다면 아마도 이 때문일 것이다. 그런데 이게 또 끝이 아니다. 만일 엄마가 여동생만 있는 집안의 장녀, 아빠가 남동생만 있는 집안의 장남이라면 상황은 한층 더 심각해진다. 전쟁 그 자체다. 그들은 최악 중 최악의 커플이 된다.

남동생들의 우두머리였던 아버지는 극강의 권위적인 특성을 보일 가능성이 높다. 남동생만 있는 장남은 언제나 우두머리이며 책임감 강한 완벽주의자이며 친밀한 관계를 수평적으로 맺는 것에는 취약하다.

"여보, 사랑해." 아빠가 이런 말을 평생 한 번이라도 하시기는 할까? 술기운에 하실까? 누구 아빠가 그런 말 하는 거 우리 집에서 들어본 사람 있니? 뽀삐야, 너 그런 말 들은 적 있어? 딱 이런 수준이다. 남동생들의 맏형인 아버지는 옥좌에 앉은 왕이자 갑옷을 벗지 못하고 앉아서 자는 장군처럼 경직된 관계를 맺기 쉽다. 그들은 모든 규칙을 본인들이 정한다. 또한 그들은 이성의 무리와 어울리기가 매우 힘들기 때문에 이모들이 놀러오기라도 하면 한없이 작아지며 그녀들의 놀림에 결코 유연하게 반응하지 못한다.

이렇게 권위와 권위, 통제와 통제가 맞물린 장녀와 장남의 사랑은 서로를 평생 힘들게 하고 주변인들마저 지치게 한다. 이들은 배우자를 이해하려는 특성을 보이지 않기 때문에, 서로 '너랑 나랑은 안 맞는다'며 으르렁대고, 서로의 성별을 집단화·단순화하며 '남자들은 이래서 문제야', '여자들은 다 똑같아' 식의 오류에 빠진다. 그래서 《보웬가족평가를 위한 가족치료 자가진단서》에는 이들은 평생 하나의 성을 나눠 가지려고 싸우는 두 명의 군주와도 같다고 묘사했다.

여동생들만 있는 장녀와의 결혼은 가장 나쁜 결합이다. 그들 모두 서열과 성별에 대한 갈등을 겪을 수 있다. 그들은 아마도 하나의 성을 나눠 가지려고 싸우는 두 명의 군주와도 같은 것이다.
로날드 리처드슨,《보웬가족평가를 위한 가족치료 자가진단서》, p.137, 시그마프레스

이 얼마나 잔혹한 운명인가. 하나의 성 속에 두 명의 군주라니. 누군가는 자기 동생인 장장(장남-장녀)커플의 결혼 생활을 이렇게 묘사했다.

그들은 미친 듯이, 열정적으로, 지략적으로 싸운다. 때로는 매

chapter 2 조율: 서로를 홀로 서게 하는 적정거리

복하여 상대의 잘못에 대한 증거를 확보하고 또 가끔은 참호전을 펼치기도 하는데 거실이나 침대를 점령, 의도적으로 서로의 행동반경을 매우 불편하게 만든다.

우리 주변에는 이러한 전형적인 장장커플의 충돌로 인한 혼란을 경험한 가정이 많다. 안타까운 것은 장녀들이 배우자를 선택할 당시 막내인 남자는 남자로 보이지 않는다는 이유로 든든한 듯이 보이는 장남에게 끌려 결국 불구덩이 속으로 들어가고 말았다고 증언하는 경우가 많다는 것이다. 크면서 누나들에게 참교육을 많이 받은 귀여운 막내에게 끌렸으면 좋으련만.

그러므로 장장커플의 생존을 위해서는 결국 서로에 대해 심리적으로 잘 이해하는 관계의 기술이 필요한데, 그것이 바로 '냅두기(내버려두기)'이다. 냅두기 기술은 장장커플이 서로의 영역을 지키며 평화롭게 생존할 수 있는 방법이다. 이상적인 회복와 화합은 불가능하다. 인간이 그렇게 쉽게 변하지 않는다. 그러니 상황을 혹은 몇 가지의 행동을 바꾸는 것이 더욱 효과적이다. 평화를 원하는 장장커플은 다음의 몇 가지를 실천해보길 권한다.

1. 서로를 인정하고 내버려두기

서로 성격이 안 맞는다고 비난하기보다는 서로를 인정하고 이해해보자. 이를테면 '장남(장녀)로 살아온 시간이 당신을 이런 유형의 사람으로 만들었구나. 당신도 참 수고했구나. 힘들었겠구나. 그 무게가 많이 무거웠겠구나' 하며 서로 애쓰며 살아온 삶 자체를 인정해주는 것이다.

그리고 그렇게 수고했으니 이제라도 좀 하고 싶은 대로 하며 편히 쉬라는 의미로 '내버려두는 것'이다. 새벽 4시에 빗자루질을 해도 내버려두고, 아침을 커피로 끝내도 내버려두고, 1년에 열 번 벌초를 가도 내버려두고, 하여튼 서로의 행동을 제제하지 않고 내버려두는 것, 아무리 아침에 먹는 사과가 금사과라고 해도 상대가 싫다면 권하지 않는 것, 장장커플이 그토록 실천하기 어렵다는 '냅두기'가 서로에게 살 만한 집을 만들어준다는 사실을 기억하자.

2. 변화에 대한 기대 포기하기

상대가 변할 것이라는 기대를 과감히 포기하는 것이다. 당신이 어떤 습관 하나도 고치기가 매우 어려운 것처럼 상대도 그렇다. 당신이 갑자기 아침운동을 시작하는 것이 어려운 것처럼 상대도 당신의 요구사항을 들어주는 것이 상당히 어렵다. 그러니 심리적으로 상대의 목을 조르는 것을 멈추자. 그런 의미에서 잔소리는 줄여보자. 상대를 생각해서 하는 것이 잔소리라 해도 워낙에 일방적인 메시지라 듣다 보면 짜증이 날 수밖에 없다. 그런데 이때 한 가지 팁이 있다. 똑같은 잔소리라도 말을 하는 순서만 바꾸면 잔소리가 곧 돌봄caring의 말이 된다는 사실이다.

사례 #1: 행동 지시 + 감정

잔소리 하는 이: "목도리 들고 나가!"

잔소리 듣는 이: "괜찮아, 싫어."

잔소리 하는 이: "춥다니까! 감기 걸리기만 해. 아주 다 제 멋대로야. 이 집에서 나만 걱정, 그저 걱정이지."

잔소리 듣는 이: "아…, 안 한다고!" (쾅!)

목도리를 하고 나가라는 잔소리는 상대방이 감기가 걸릴까 봐 걱정하는 마음 때문에 하게 된 말이다. 다만 어순이 잘못된 까닭에 걱정하는 마음은 전달이 안 되고 행동을 통제하는 지시어, 명령어만 전달되어버렸다. 여기서 순서만 뒤집어도, 즉 감정을 먼저 전달하고 행동 지시를 나중에 전달하면 잔소리가 다정한 돌봄의 말로 바뀐다.

사례 #2: 감정 + 행동 지시

돌봄의 말을 하는 이: "음…, 감기 안 걸릴까? 감기 걸릴까 봐 좀 걱정되는데. 목도리 들고 나가."

돌봄의 말을 듣는 이: "괜찮아." 혹은 "알겠어."

돌봄의 말을 듣는 이는 목도리를 하고 나갈 수도 혹은 두고 나갈 수도 있다. 하지만 어느 쪽이 되었든 상대가 자신에게 잔소리를 퍼부어댄다고 생각하지는 않는다. 따라서 이런 식으로 감정을 먼저 전달하는 쪽으로 화법만 바꾸어도 상대는 태도가 완전히 다르다고 느낄 것이다.

3. 상대가 좋아하는 행동을 하게 내버려두기

부부간 사랑을 실천하기 위해 다음 중 당신이 보다 실천하기 편한 것을 하나 골라보자.

- 상대가 싫어하는 언행을 하지 않는다
- 상대가 자신이 좋아하는 행동을 할 때 그냥 내버려둔다

이 둘 중 무엇이 더 실천하기 쉬운가? 아마도 후자일 것이다. 장장커플을 비롯해 갈등의 수위를 조절하고자 하는

부부라면 상대방이 좋아하는 일이 범죄가 아닌 한 좀 하도록 내버려두자. 이것은 부부 관계의 순기능을 올리는 데 도움이 된다. 예를 들어 집에서 '혼술'하는 게 꼴 보기 싫더라도 안주라도 한 접시 만들어 말없이 건네주고, 가계부가 적자라면서도 홈쇼핑을 뚫어져라 보는 상대가 싫더라도 조용히 지갑과 휴대전화를 가져다주고, 상대가 좋아하는 스포츠 뉴스나 드라마 시간이 되면 조용히 리모컨을 건네주는 등 상대가 자신이 좋아하는 일을 할 수 있도록 해주는 것은 부부 관계의 긴장을 낮추는 효과적인 방법이다. 이것은 자신의 행위가 존중받는다, 뭔가 인정받는다는 느낌을 주기 때문에 부부 사이에 평화로운 분위기를 조성하는 데 장기적으로 도움이 된다.

어떤 장장커플이 말했다. 각방을 쓰자 비로소 평화가 찾아오고 몸도 건강해졌다고. 그만큼 한국 사회에서 전형적으로 자라온 장장커플의 만남은 힘든 것이다. 정면승부만이 항상 좋은 승부수인 것은 아니다. 때로는 정면승부를 최대한 피하는 것이 전쟁을 가장 빨리 끝내는 요령이 될 수도 있다.

친구 같은 딸에게 강요된 희생

앞서 우리 어머니 세대 K-장녀들의 특성들을 살펴보았다. 그렇다면 딸 세대에서의 K-장녀들은 어떤 특성을 가질까? 엄마 세대와 같을까? 아니면 달라졌을까. 장남-장녀 커플에 대한 강의 동영상을 공개한 적이 있다. 20분짜리 강의에 무려 댓글이 1,900개가 넘게 달렸다. 내 눈을 의심하고 댓글들을 하나하나 살펴보았다. 사실 댓글은 '마상(마음의 상처)'의 지름길이기에 평소 잘 보지 않지만 그날은 무슨 용기가 생겼는지 1,900개의 댓글을 다 읽었다. 2시간 정도 걸린 것 같다. 그런데 댓글들이 단순히 강의를 본 소감이라기보다는 장녀로서의 애환을 담은 구구절절한 에세이에 더 가까웠다. 어떤 몇 댓글에는 격려와 위로의 대댓글이 줄줄이 달리기도 했다. 그날 읽었던 댓글들 중 인상적이었던 것들을 옮겨본다.

"3살 터울 남동생이 있는 저는 스스로 개척해서 잔다르크처럼 살았고, 남동생은 무슨 온실 속 화초처럼 자라서(하략)"_미묘○○

"다음 생에는 막내로."_요가○○

"한 살 터울 동생은 최악임. 심지어 시샘은 많은데 몸은 약한 동생. 적군을 케어해야 하는 아이러니."_박○○

"남동생이랑 엄마는 죽이 척척 맞는데, 저는 진짜 하나부터 열까지 맞는 게 히니도 없고 기죽어 사는 느낌? 진짜 힘들었습니다."_아기○○

"장녀이다 못해 부모의 부모 노릇, 장남이다 못해 온 가족의 머슴. 우리 부부 이야기."_김○○

엄마 세대의 장녀들보다야 덜 하겠지만 딸 세대의 장녀들도 여전히 장녀로서의 고충을 토로하고 있다. 부모님이 의식을 가지고 자녀를 잘 양육했다면 모르겠지만 통상적인 경우 엄마 세대 장녀들의 고충은 딸들에게 고스란히 되물림된다. 현대판 K-장녀들은 여전히 이런 애로사항을 토로하고 있다.

"제가 왜 동생이 학교에 제출하는 서류를 작성해야 하고 동생 기숙사 이불 빨래를 당연히 해야 하는지 모르겠습니다."

"저는 동생들 보모하려고 태어난 것 같아요. 참고 참다가 너무 힘들어서 엄마한테 동생들 불만을 이야기했더니 저에게 이기적이라네요. 정말 너무 억울하고 황당했습니다."

"저는 장녀인데 장남처럼 자랐어요. 집안에 일이 터지면 만날 총대 메고 사건 해결하고 돈도 벌고…. 지칩니다."

"엄마가 어느 날은 대놓고 그러더라고요. '큰 수술은 너 있을 때 해야지.' 늘 이런 식으로, 장녀인 저는 항상 목적이 아니라 수단입니다."

"남동생을 보면 엄마와 잘 지내는 게 신기했는데 남동생은 엄마의 감정 쓰레기통을 한 적이 없더라고요. 그러니 잘 지낼 수

chapter 2 조율: 서로를 홀로 서게 하는 적정거리

밖에 없는 거겠죠."

"저는 어딜 가든 장녀 티가 납니다. 애교도 없고 자꾸 사람들 챙기고 그리고 결정적으로 도와달라는 말을 못해요. 자꾸 혼자서만 해결하려고 하고요. 또 사실 누가 도와주면 너무 어색하기도 합니다."

"어린 시절 어느 날 용기를 내어 아빠에게 물었습니다. '아빠, 아빠가 나보다 서른 살이 많은데, 내가 어린데, 어린 내가 아빠 밥을 챙겨주는 게 맞는 거야?'"

"엄마가 막내로 크셔서 그런지 장녀인 저의 고충을 이해 못하십니다. 친구들 보면 장녀인 엄마랑 또 그렇게 많이 싸우더라고요. 차라리 그게 낫지요. 저희 엄마는 너무 약해요. 자꾸 저한테 기대시니 제가 기댈 수가 없습니다."

"저는 여섯 살 이후로 아이인 적이 없어요. 어느 날 동생이 태어났는데 갑자기 저는 다른 방에서 혼자 자게 되었어요. 너무 무섭고 힘들었어요. 한번은 동생이 책장에 있는 제 책을 다 꺼내고 찢어서 혼자 울면서 책장을 정리했던 기억이 납니다."

시대가 변했다고는 하지만 여전히 많은 K-장녀들이 재생산이 되고 있다. 어떤 부분들이 반복되고 있을까?

첫째, 장녀들은 가족의 어떤 문제들에 적극적으로 관여할 책임을 부여받는다. 그녀들은 엄마가 암에 걸렸다는 것을 쉽사리 막냇동생에게 발설하지 않는다. 그보다는 그 분야의 권위자를 찾아 최대한 빨리 엄마의 수술과 항암치료 일정을 계획한다. 장녀들은 장례식에서도 잘 울지 않는다. 그녀들은 장지와 수의를 결정하며 조문객들을 맞이할 준비를 한다. 그녀들은 모든 일이 종료되기 전까지는 결코 자유롭게 울 수도 없다. 가족 관계에서 이러한 책임의 '몰빵'은 불행한 일이다. 대개 부부 사이가 만족스럽지 않을 때 특히 장년기의 자식에게 많은 역할들이 이양되는데, 아버지는 아버지로서 엄마는 엄마로서 어른답게 자신의 역할과 책임을 다할 때 장녀, 장남들은 불필요한 삶의 짐을 비로소 내려놓을 수 있을 것이다.

둘째, 엄마의 정서적 보호자 역할을 하거나 '대리 욕받이' 혹은 '대리 배우자' 역할을 한다. 엄마들은 때로 딸들에게 자신의 감정을 여과 없이 쏟아내거나 그것이 허용받기를 원하고, 설명하지 않아도 알아주기를 바란다. 무엇보다 딸들은 남동생과 엄마 사이에서 소외감을 느낀다. 엄마는 같은 자식인데도 남동생 앞에서 다른 사람이 된다. 엄마가 장녀에게 하는 말은 항상 날음식과 같이 정제되지 않지만 남동생에게 하는 말은 그렇지 않다. 장녀에게는 지켜지지 않았던 선이 남동생에게는 존재한다.

후배가 어느 날 이런 하소연을 했다. 갱년기가 본격적으로 시작된 엄마가 자꾸만 새벽이 되면 자신의 방으로 찾아와 눕는다는 것이다. 집에서 제일 작아 한 사람이 누워도 꽉 차는 자신의 방에 말이다. 그러더니 어느 날부터는 아예 같이 자자고 하시더란다. 왜냐고 했더니 엄마가 '요즘 밤에 잠이 안 오고 뒤척이니까 아빠 깨는 것이 신경 쓰여서 여기가 편하다'고 하셨다'는 것이다. '그러면 남동생 방도 있는데 굳이 왜 이 좁은 내 방으로 오시냐'고 물으니 '네 동생 일하는데 잠 설치면 어떻게 하냐'고 답하셨단다. 그 지점에서 후배는 그만 폭발하고 말았다. "엄마 나도 일해! 엄마 나 백수야? 나도 일해. 나도 일하는데 나는 밤에 깨도 괜찮아? 동생은 안 괜찮고 나는 괜찮아?" 남동생과 K-장녀는 같은 자식이더라도 엄마의 머릿속에서 다른 카테고리로 분류되어 있다.

엄마도 딸도 장녀인 경우 K-장녀와 K-장녀의 만남은 또 다른 갈등을 만들어낸다. 장남-장녀 커플의 갈등 지점들이 장녀 엄마와 장녀 딸 사이에서 반복되어 이때에도 역시 통제와 통제가 충돌해 살벌한 모녀 갈등으로 발전한다. 딸은 새로 나온 서큘레이터가 좋고 엄마는 전형적인 선풍기가 좋을 때 그녀들은 합의점에 도달하기 어렵고, 한 명이 사오면 한 명이 환불하고 한 명이 환불하면 다시 또 한 명이 사온다. K-장녀의 삶은 그녀의 어머니도 K-장녀의 삶을 살았을 때 더욱 힘들어진다.

자고로 자유를 얻기 위해서는 저항이 필요한 법. 장녀이기 때문에 짐이 무겁고, 행복을 박탈당했다고 생각한다면 다음의 제시안들을 생각해봐주기 바란다. 굴레에서 벗어날수록 당신은 자유로운 딸이자 엄마가 되고, 당신의 생활방식, 양육방식은 달라질 것이다. 또한 가족에는 평화가 찾아오고 당신의 딸은 자유로운 한 인간으로 성장할 수 있을 것이다.

1. '내가 아니면 안 된다'는 생각 고쳐먹기

정말 그 많은 일들이 장녀가 아니면 안 돌아갈까? 내가 아니면 안 된다고 생각했던 일들에 대한 다른 답을 찾아보자. 더 나아가 "안 돌아가도 뭐, 나도 몰라"라고 배 째고 맛있게 아이스크림이나 먹어보자. 이때 욕하는 사람과는 멀어져

chapter 2 조율: 서로를 홀로 서게 하는 적정거리

도 좋다.

2. 다른 가족을 좀 더 믿고 일을 던지기

다른 가족도 충분히 할 수 있고 해야 하는 일들을 내가 너무 고착적으로 해오지 않았나 살펴보고 다른 가족에게 일을 던지자. 그들도 성인이며 가족들은 당신이 생각하는 것보다 훨씬 더 다재다능하다. 그들도 당신이 해냈던 것처럼 자신만의 방식을 찾아 해결할 것이다. 즉, 다른 형제자매들에게도 혹독한 성장의 기회를 주자. 단, 이때 선포식이 필요한데 당신이 이런 결정을 하게 된 배경과 그간의 어려움, 앞으로의 다짐을 가족들에게 미리 설명한다. 그다음부터는 다리를 뻗고 자면 된다.

3. 거절하는 것 두려워하지 않기

장녀들은 집안 대소사 등 어떤 문제에 필요한 부탁을 받을 때 쉽게 거절하지 못한다. 똑같은 상황에서 막내는 전화기를 꺼놓고 뉴욕에 가 있기도 하는데 말이다. 그러니 거절을 두려워하지 말자. 당신의 컨디션을 가장 우선순위에 두어라. 부당하거나 무리한 요구, 다른 가족들의 이기적인 요구를 거절해도 당신은 나쁜 사람이 아니다. 죄책감 가지지 말자. '언니가 달라졌어요.' 이게 되어야 한다.

4. 거짓 죄책감에서 벗어나기

아마 다른 가족에게 일을 던지거나, 거절하거나, 자신이 아니면 안 된다는 생각을 고쳐먹는 과정에서 마음이 불안하며, 불편해지는 금단현상이 나타날 것이다. 코끼리를 어린 시절부터 쇠창살에 가둬 키우면 어른 코끼리가 되어 힘이 생겨도 스스로 창살을 부수고 나오지 못한다고 하지 않던가. 길들여진다는 것, 고착화된다는 것은 이처럼 비극적인 일이다. 초원을 달릴 수 있는 코끼리가 쇠창살 안에서만 살아야 한다니…. 불안하고 불편한 마음, 거짓 죄책감을 견디는 과정에서 쇠창살은 조금씩 부수어질 것이다.

이제 K-장녀의 굴레를 벗어던지고 자기 자신을 위해 많은 것들을 하면 좋겠다. 그리고 우리의 딸들에게는 K-장녀의 굴레 따위를 물려주어서는 안 된다. 딸이 고유한 한 인간으로 성장할 수 있도록 하기 위해 앞으로 딸에게 다음과 같은 말은 전면 금지다.

"엄마가 없을 땐 네가 엄마야."

"엄마가 너 아니면 누구한테 이런 얘길해."

"얘는 친구 같은 딸이랍니다."

"엄마 없을 땐 네가 밥을 좀 챙겨."

"네가 동생들의 본이 되어야 해. 동생들이 뭘 보고 배우겠어."

"동생 안 보고 뭐했어. 동생을 왜 울려."

"엄만 너만 믿고 살아."

참으로 수고가 많았던 당신의 날들에 이제는 자유의 깃발이 꽂히길 응원한다.

딸은 왜 엄마 팔자를 대물림할까?

내 나이 열다섯, 그 무섭다는 중2 때 첫 연애를 했다. 아주 짧게. 그리고 그 짧은 시간, 엄마는 덜덜 떨었다. 엄마는 내가 연애하는 것을 극도로 두려워했다. 지금 생각해보면 내 연애는 거의 포비아 수준으로 엄마의 불안을 자극했다. 엄마의 표정과 눈에서 읽힌 불안은 내게 엄청난 죄책감을 주었다. 그래도 나는 굴하지 않고 불굴의 의지로 연애를 시작했지만, 결국 죄책감의 무게를 감당하지 못했고, 스물한 살이 되면서는 연애를 몽땅 다 관두기로 마음먹었다. 너무 피곤했다. 연애도 힘든데, 엄마의 불안까지 합세해 나를 더 힘들게 했다. 겉으로는 자아실현에 매진하기 위해 당분간 연애를 하지 않겠다고 했지만, 사실은 엄마의 불안을 함께 느끼는 게 싫었고 경직된 엄마를 보는 게 싫어서였다(그

chapter 2 조율: 서로를 홀로 서게 하는 적정거리

런데 분명 시작은 안 하기로 한 것이었는데, 시간이 지나고 보니 어느 순간 못… 하고 있더라).

　엄마는 내가 만나는 남자들을 평범하게 대해주지 못했다. 다른 엄마들처럼 딸의 연애를 자연스럽게 대해주면 좋았으련만 엄마는 항상 자신의 페이스를 잃고 성인 어른으로서 전혀 적절하지 않은 행동을 남발했다. 예를 들면, 처음 본 내 남자친구를 갑자기 사위처럼 대하면서 어마어마한 분량의 중국 음식을 시켜 체하게 만들거나, 데이트 장소에 선글라스를 끼고 나타나 멀찌감치 서서 구경을 하기도 했다. 그리고 내가 소개팅을 한 남자와 잘될 조짐이라도 보이면 "넌 항상 나를 떠나려고만 한다"며 화를 냈다. 고등학교 때는 그 어떤 동아리 활동도 남학생과 섞여서 하는 것은 금지였고, 대학에 입학해서 1년 동안은 무조건 밤 10시 이전에 귀가해야 했다. 이유는 단 하나, 남자랑 함부로 만나면 안 되기 때문이었다. 그러다가 또 엄마 친구 아들이 착하다면서 나와 엮어주려고 마구 갖다 붙이기도 했다.

　엄마 스스로 워낙 스펙터클한(?) 부류의 남자들만 경험해오다 보니 그녀에게 연애란 딸의 안전을 담보로 하는 위험한 게임 그 자체였다. 엄마는 내가 그 어떤 배팅도 하기를 원치 않았다. 안전하게 그냥 있기를 바랐다, 혼자서…. 그러니 내가 어떻게 편안한 연애를 할 수 있었겠는가.

또한 나는 아버지와 살지 않았기 때문에 남자가 어떤 존재인지 잘 몰랐다. 엄마에게 단편적으로 전해 듣는 남자들에 대한 평가는 당연히 좋지 않은 것들뿐이었다. 성인 남녀가 사랑을 하면서 긍정적인 관계를 맺는데 어려움을 겪고, 관계가 끝난 이유를 잘 파악하지 못하면, 관계가 깨진 이유는 모두 '상대방이 나쁜 놈이라서 그래. 나는 그저 남자 복, 남편 복이 없는 여자라서 그런 거야'라는 식의 인지적 왜곡에 빠지게 된다. 개별화 사안으로서의 이별의 이유를 알지 못하기에 '남자들이란 원래 다 그런 족속이라 나는 이별을 당했다'고 생각하는 것이다. 그리고 그런 남자들을 다시는 쉽게 믿지 않을 것이라 다짐하고 남자들이란 다 그런 존재라고 믿어 버린다.

이와 비슷한 심리적인 현상으로 '외집단 동질성 가설'이라는 것이 있다. 이것은 한 집단이 자신들의 동질성은 과대평가하고 상대편 집단의 능력이나 다양성은 과소평가하는 현상을 말한다. 예를 들어 불륜 드라마를 보면서,

"저 봐, 저 봐. 바람 안 피우는 남자는 없어. 남자들은 다 저래. 예쁘고 젊은 애들 앞에서 다 넘어가. 여자들만 불쌍해."

"하여간 여자들은 너무 피곤해, 이러니까 남자들이 밖으

로 나도는 거야."

들여다보면 개인 혹은 그 커플만의 문제일 수도 있는데 받은 상처를 충분히 해결하지 못한 경우 이런 방식으로 성급한 일반화의 오류에 봉착한다. 그리고 남자에게 상처받은 엄마들은 남성관을 왜곡하며 딸이 남자를 고를 때 색안경을 씌워준다. 엄마들의 이러한 가르침은 딸에게 강력한 바이블이 된다.

우리 엄마도 그랬다. 엄마가 하는 말 한마디, 엄마가 가끔 만나는 아빠를 대하는 태도, 아빠에 관한 말에서 엄마는 항상 부정적이고 날이 서 있었다. 어우, 엄마와 할머니에게 들은 아빠 욕으로 아빠 대신 내 수명을 늘일 수 있다면 난 불로장생할 것이다.

엄마를 통해 들은 남자들의 존재는 가보지 못한 땅, 알 수 없는 나라, 이름도 모르는 어떤 부족이 1,000년을 대물림했을 법한 '창 혹은 방패' 같은 것이었다. 보물인지 흉물인지 알 수 없는, 나를 공격하는 창일지 나를 보호해줄 방패인지 알 수 없는 존재. 엄마의 이야기를 통해 상상한 남자들은 그런 존재들이었다.

결국 내가 이 세상 남자들이 다 그렇지 않다는 것을 배우는 데에는 많은 시간과 다양한 시행착오가 필요했다. 남자는 창이 되기도, 방패가 되기도 했는데, 그 역시 사람 나름이고 남자뿐 아니라 여자에게도 동일한 창과 방패가 주어졌다는 것은 정말 오랜 시간이 걸려서 깨닫게 됐다. 내게 제대로 된 정보를 주면 좋았으련만 엄마는 엉터리 지도를 내 손에 쥐여주고는 이대로 따라가면 행복이 있을 거라고 했다. 나는 오랜 시간 헤맬 수밖에 없었다.

엄마의 왜곡된 남성관이 딸에게 미치는 영향

아마 이와 비슷한 처지의 딸들이 많을 것이다. 딸에게는 엄마의 남성관이 다운로드되어 있다. 그건 그냥 자동저장, 즉 저장되는지도 모르는 채 이루어지는 저장이다. 엄마가 자신과 딸을 동일시할수록 자신이 실패했던 지점에서 딸도 똑같이 실패할까 봐 불안과 두려움을 느낀다. 그리고 아주 소수, 정서적으로 매우 불안정한 엄마들은 '너라고 나랑은 다를 것 같냐, 우린 똑같다'라며 저주에 가까운 말을 딸에게 하기도 한다.

이러한 까닭에 딸이 남자를 선택하는 순간, 그 선택은 생각보다 주체적이기 어렵다. 특히 경제적으로 엄마에게 의존하고 있는 상황이거나, 가정에 대한 책임감이 강할수록 더욱 그렇다. 내가 좋아하는 남자, 내가 필요로 하는 남자가 아니라 엄마 마음에 드는, 엄마에게 실망을 주지 않는 남자를 선택해야 한다는 무의식적 강박에 자신도 모르게 사로잡힌다.

딸은 엄마의 남성관을 보다 객관적으로 볼 수 있어야 한다. 일단 아빠와의 관계가 좋지 않다면 그녀의 남성관은 조금씩 왜곡되어 있을 가능성이 크다. 엄마의 남성관을 파악하고자 한다면 다음의 질문을 던져보자.

엄마의 남성관을 파악하기 위해 던져볼 질문 목록

1. 아빠는 어떤 사람이라고 생각하는가?
2. 아빠가 가진 단점은 아빠만의 문제인가, 아니면 남성 전체의 문제인가?
3. 혹시 상처받은 연애가 있었다면 얘기해줄 수 있는가?
4. 그 상처는 어떤 식으로 정리했나 혹은 이해되었나?
5. "남자는 ○○○이다." (문장 완성 테스트)
6. 딸이 어떤 남자를 만났으면 좋겠는가? 그 이유는?
7. 상처를 주고받은 관계에서 엄마가 잘못한 것은 무엇인가?

이런 질문에 대한 엄마의 답을 듣다 보면, 당신은 엄마의 남성관이 어떤지 알 수 있고 또 당신도 모르게 당신에게

다운로드되어 있는 정보들이 어떤 것인지 알 수 있을 것이다. 그러면 당신은 당신만의 시선을 찾아갈 수 있다. 엄마의 남성관에서 자유로워져야 당신의 시선을 가질 수 있다.

남성관이 왜곡된 엄마는 사위를 보는 시선도 감정도 모두 복잡하다. 사위를 딸의 인격적인 파트너로 인정하지 못한다. 가끔 사위는 딸을 힘들게 하는 파렴치한이거나 혹은 딸을 구원해준 구세주가 된다. 사위에 대한 기울어진 시선은 또 다른 갈등 관계를 만들어낸다. 오류에 빠진 엄마들은 보통 양극단의 행동을 하는 경향이 있는데, 사위가 소파에서 조금만 편안한 자세로 누워 있어도 사위를 나무늘보 취급하며 게을러터져서 내 딸만 고생시키는 꼴도 보기 싫은 존재, 경멸의 대상으로 전락시키기도 하고, 반대로 냉동실 깊숙이 숨겨 두었던 옥돔을 사위의 밥숟가락 위에만 올려주며 딸을 거두어준 업적을 찬양받아야 할 귀인으로 만들기도 한다(뭐라고? 우리 집에 옥돔이 있었다고?). 그러므로 엄마의 남성관을 잘 파악해두면 당신이 남자를 선택할 때, 혹은 이미 선택한 남자를 바라볼 때 보다 정확한 시선과 그에 따른 감정을 가질 수 있다.

그리고 우리가 엄마가 되었을 때, 아이가 처음으로 연애를 시작할 때 혹은 누군가를 짝사랑하게 되었을 때, 그 마음을 존중하고 인정해줄 수 있어야 한다. 아이 입장에서는 자신의 사랑을 들킨 순간이 당혹스럽고 긴장될 것이다. 아이 스스로 처음 겪는 일 자체만으로도 혼란스러운데 엄마가 자신의 감정을 인정하지 않는 눈빛, 걱정하는 눈빛을 보낸다면 아이는 그러한 엄마의 감정을 고스란히 불안으로 감지된다. 물론 부모 입장에서는 아이가 걱정될 수도 있다. 하지만 아이들은 일단 자신의 감정을 부모에게 마음껏 드러내어도 인정받을 수 있다고 생각할 때 절대 위험한 시도 혹은 일탈을 하지 않는다는 사실을 기억하자. 아이들은 자신의 첫 연애(감정)에 대한 부모의 반응을 통해 자신의 감정에 대한 긍정적인 확신을 가지게 되고 이를 바탕으로 성장하며 사랑하는 성인으로 자라갈 수 있디. 아이가 연애를 지속할지 혹은 그렇지 않을지에 관해서는 대화가 필요하겠지만, 우선적으로 아이가 느낀 감정 그 자체에 대해서 절대적으로 인정해주어야 한다. 아이가 자신의 감정을 부인하며 자기가 느끼는 사랑에 대해 수치심 혹은 죄책감을 느낄 수 있는 언행은 삼가야 한다. 아이의 연애 소식이 너무 당황스러울 수도 있겠지만, 아래의 한 마디면 일단 첫 번째 고비는 성공적으로 넘길 수 있다.

"와! 사랑을 시작하다니 이제 다 컸네!"

우리 어머니들은 남녀 간의 사랑을 배워야 할 지식이나 기술의 영역에 포함시키지 않았다. 부부간에 문제가 생겨도 그냥 칼로 물이나 베면 되는 거다, 하고 생각하던 시절에 태어나 그저 각개전투를 하듯이 각자 나름대로 어려운 사랑을 지속했다. 그렇게 굳어진 엄마들의 왜곡된 시선을 교정해줄 인도자는 아마도 주변에 없었을 것이다. 그래서일까, 얼마 전 60대인 이모에게서 내 강의 동영상을 친구들과 공유하며 돌려보고 있다는 이야기를 들었다. 그리고 그 동영상이 공유되고 있다는 단체대화방에는 이런 코멘트들이 달렸다고 한다.

"우리가 결혼하기 전에 이걸 봤어야 하는데…."
"그러게 이런 걸 누가 우리한테 가르쳐줬어야 말이지."

45년 전, 그녀들은 그렇게 미처 배우지 못한 채 외롭고 고독한 사랑을 해야만 했다. 하지만 이제는 다르다. 우리의 딸들은 유튜브도 보고, 강의도 듣고, 책도 읽고, 친구들끼리 대화도 하고, 인터넷에서 이런저런 정보와 다양한 사례들도 접하고 있다. 우리의 딸들은 우리보다 더욱 똑똑하게 자신의 사랑을 찾아갈 것이다. 그러므로 적절한 때에 당신이 웃으며 그 손만 놓아주면 된다.

chapter 2 조율: 서로를 홀로 서게 하는 적정거리

딸은 엄마의 아바타가 아니다

　이건 좀 비뚤어진 시각일지 모르겠는데 사람들이 '엄마에게는 딸이 있어야 한다'는 말을 할 때 나는 그 말이 마치 엄마에게는 '아주 편하고 만만하고도 마음을 의지할 대상'이 있어야 한다는 소리로 들리곤 한다. 사람들은 대개 여성에게 있어야만 하는 '아주 만만하고도 편한 그 독특한 대상'을 '딸'이라고 부르는 것 같다. 딸이라는 자들이 가지게 되는 고유한 역할은 남편도 아들도 친구들도 해줄 수 없는 대체불가한 것이기에 여성에게는 딸이 있어야 한다고 독려받는다. 한 여성이 임신과 출산을 반복한 끝에 아들만 셋, 끝내 딸을 못 낳게 되면 딸은 원래부터 그녀에게 없었던 존재임에도 불구하고 왠지 모두가 그녀에게 아쉬움을 표현한다.

"끝으로 딸이 하나 나와줬음 딱 좋은데."

그리고 다시 곧 작위적인 격려를 한다.

"아들들 다 키우면 너무 든든하지 뭐…. 기둥이 세 개네."

딸의 역할은 쌍둥이 자매는 아니지만 엄마의 시간차 쌍둥이 같은, 분신은 아니지만 분신 같은, 일종의 아바타로서의 기능이 주어진다. 엄마는 딸에게 자신의 못다 한 꿈도 이양하고, 원하는 스타일로 딸을 꾸미기도 하고, 자기가 하기에는 거의 불가능한 사회적 행동을 대신하게 시키기도 한다. 예를 들면

"아빠 기분 안 좋은 것 같으니까 들어오시면 네가 활짝 웃으면서 인사해. 알았지?"

딸은 이렇게 엄마의 아바타로 성장한다. 자신이 엄마의 아바타가 아닌가 생각했던 세 딸의 이야기를 잠시 들어보자.

정민은 자기가 엄마의 아바타로 느껴졌던 순간들이 너

chapter 2 조율: 서로를 홀로 서게 하는 적정거리

무 많아 거의 일상이라고 말한다. 엄마는 많은 순간 정민을 앞세웠다. 집안 분위기가 안 좋을 때면 정민의 엄마는 정민이 분위기 메이커 역할을 하도록 몰아붙였다. '할머니한테 말을 걸어라', '할아버지께 과일을 집어드려라', '고모에게 식사하셨나 여쭈어보아라'는 물론 엄마는 하지도 않는 아빠 표정과 기분 살피기, 친척들이 모였을 때 살갑고 조신하게 어른들 접대하기, 어른들 하시는 말씀에 공손히 때로는 깔깔깔 장단 맞춰드리기, 이모할머니 모셔다드리기 등등 정민은 엄마를 대신해 가족 내 친선대사 역할을 해야만 했다. 문제는 여기에 정민의 기분 따위는 고려되지 않았다는 것이다. 정민은 자신의 마음이 어떠하든지 간에 엄마의 요구에 맞추어 엄마의 대리인 역할을 해야 했다. 어쩌다 정민이 싫은 기색을 내기라도 하면 정민의 엄마는 '딸 무서워서 말도 못하겠다'며 비아냥거리며 화를 냈고 정민은 아홉 번 아바타를 해주고 한 번 자신의 의견을 냄으로써 엄마를 무시하는 '써글년'이 되곤 했다.

미애 엄마는 용의주도하고 빈틈 없는 사람이었다. 원칙이 중요하고 무슨 일이든지 규칙에 따라 순서대로 진행되는 걸 좋아했다. 고로 미애 또한 모든 것을 원칙대로 순서대로 진행해야만 집안의 평화 에너지를 유지할 수 있었다. 수건은 엄마가 쓰라는 순서대로 써야 했고, 비빔냉면에 겨자는 딱 콩알 반만큼만 넣어야 했다. 미애는 겨자를 싫어했지만 겨자를 거부하면 겨자가 주는 맛의 비밀도 모르는, 천하의 미천한 미각의 소유자로 냉면 먹을 자격이 없는 자가 되었다. 장어를 먹을 때는 꼭 생강을 올려 먹어야 했고 부대찌개를 끓일 때는 반드시 엄마가 알려주는 순서대로 재료를 투하해야 했다. 파를 넣는 순서는 맨 마지막이었는데 미애가 정신줄을 놓고 있다가 파를 네 번째쯤 넣게 되면 말 그대로 '파국'을 맞이했다고….

혜연은 법대에 가고 싶었다. 하지만 혜연 엄마는 여자가 무슨 살벌한 인생을 살려고 법대에 가냐며 사법고시 뒷바라지는 못 해주니 교대에 가기를 권했다. 사실 교대는 혜연 엄마가 못다 이룬 꿈이기도 했다. 결국 혜연의 대입 원서는 단 한 장도 혜연의 뜻대로 쓸 수 없었고 마치 엄마가 새내기인가 혼란스러울 정도로 엄마가 원하는 학교만을 일괄 지원하게 되었다. 혜연은 이런 과정을 회상하며 이렇게 말했다.

"그땐 그냥 삶이 참 힘들었는데, 저는 그게 엄마 때문이 아니라

chapter 2 조율: 서로를 홀로 서게 하는 적정거리

인생이 원래 이렇게 지리멸렬한 거라고 생각했어요. 그런데 시간이 지나면서 알에서 깨어나보니 그게 엄마가 잘못한 것 때문이고 그로 인해 제가 힘들었다는 사실을 알게 됐어요. 근데 사실 또 엄마의 문제만은 아니더라고요. 저도 어느 정도는 엄마가 날 이렇게 고생해서 키우는데 엄마의 삶을 좀 보상해주고 싶다는 생각도 있었던 거 같아요. 착한 딸 코스프레 같은 거라고 해야 하나? 그런데 경제적으로 자립을 하고 나니 제가 뭔가 달라지더라고요. 독립할 힘이 생겼다고나 할까, 엄마한테 말을 할 수 있게 되었다고나 할까? 암튼 어느 날 말했어요. 이제 제발 엄마 맘대로 그만하라고. 이제 난 내가 하고 싶은 대로 하고 살 거니까 건드리지 말라고. 그랬더니 웃긴 게 엄마는 제가 결국 아바타 딸년이 될 수 없다는 걸 알고 계셨는지 그냥 쿨하게 제 말을 인정하시더라고요. 그렇게 독립을 하고 얼마 지나서 제가 아프리카로 봉사활동을 1년 떠나기로 결심했거든요. 엄마가 너무 황당해했는데 그때 저한테 딜을 하더라고요. 이제라도 로스쿨 보내주면 아프리카 안 갈 거냐고. 그래서 제가 단칼에 거절했어요. 그렇게 아바타 짓은 끝나게 됐죠."

이 세 딸의 이야기가 아주 극단적인 케이스들이기만 한 것은 아니다. 꽤 많은 엄마들이 딸을 이런 식으로 대한다. 재미있는 것은 딸들에게 "엄마가 당신을 엄마의 아바타로 느껴지게 만든 순간들이 있었느냐"고 물으면 "네? 아바타요? 그게 어떤 뜻이죠?"라고 묻기보다는 그 말에 적극 동의하며 자기가 엄마의 아바타가 되었던 순간들을 자판기처럼 쏟아내는 경우가 정말 많았다는 것이다. 그녀들이 쏟아낸 순간들을 살펴보면 엄마들의 아바타 제작 영역은 외모부터 성격까지 그 스펙트럼이 상당히 넓었다.

엄마가 내성적인데 딸이 적극적이면 "넌 왜 그렇게 부산스럽니, 누굴 닮았니?", 엄마가 적극적인데 딸이 내성적이면 "넌 왜 그렇게 자신감이 없니? 좀 어깨를 펴. 누가 잡아먹니?", 엄마가 부지런한데 딸이 여유로운 성격이면 "넌 왜 굼뜨니 이렇게 게을러서 어떻게 살래?", 엄마가 여유로운 성격인데 딸이 부지런하면 "야, 좀 편하게 살자. 네가 이렇게 안 총총거려도 인생 다 굴러가. 왜 아등바등이야." 인간의 성향과 성격은 다 제각각인데 엄마의 기준만이 표준법이 되어 시시각각 딸을 평가하고 재단했다.

이뿐 아니다. 딸들의 외모를 자기 스타일대로 꾸미고 통제하고자 하는 욕망이 넘치는 엄마들이 있다. 그 옛날 엄마가 머리를 묶어주던 시절을 떠올려보자. 아주 엄마 성질껏 짱짱하게 묶어 눈이 양쪽으로 짝 찢어진 경험, 한 번쯤 있지 않은가? 내 친구 하나는 엄마가 머리를 하도 짱짱하게, 사흘이 지나도 절대 풀리지 않을 강도로 묶어주는 바람에 초등학교 시절 찍은 모든 사진에 뱁새눈이 되어 있다는 '웃픈' 사연이 있다. 딸의 외모에 관여하기를 즐기는 이러한 엄마들은 딸이 골라오는 옷을 웬만해서는 참을 수가 없다. "옷 같은 것 좀 사 입어라", "이게 지금 너한테 어울리냐? 넌 나 닮아서 종아리 두꺼운데 왜 자꾸 치마 입냐, 바지 입어라."

심지어 어떤 엄마는 웃을 때는 앞니가 딱 6개만 보일 것이라며 웃을 때의 치아 노출 개수를 정해주고는 딸이 이 권장 사항을 잊고 맘껏 웃어젖힌 날에는 볼을 꼬집으며 건강 미소의 치아 노출 개수의 기준을 상기시켜주었다고 한다. "6개, 6개라고!"

우리 엄마도 비슷했다. 우리 엄마는 내가 머리를 반묶음하는 스타일을 좋아했는데, 행여 내가 머리를 풀어헤치는 날에는 "그렇게 풀어헤치면 앞모습은 괜찮은 거 같지? 너 옆에서 보면 머리 되게 웃겨. 차라리 묶어"라며 머리를 아예 확 잘라버리고 싶은 충동이 드는 말을 하곤 했다.

엄마들은 이처럼 너무도 쉽게 딸들을 자기 아바타화하고 딸들은 많은 시간을 자기가 아바타인 줄도 모르고 엄마의 아바타로서 자신의 존재를 잠식당한다. 그리고 아바타였던 딸들은 대개 경제력이 생기는 30대에 들어서면서 엄마와의 전쟁을 시작한다. 물론 이 역시 육아의 시기와 함께 다시 대혼란을 맞이하지만 말이다. 엄마는 타인을 향한 본인의 통제욕구를 인식하지 못하거나, 인지하지만 이를 통제하지 못해서 딸을 아바타로 만든다.

한국 사회에서 엄마들이 딸에게 통제욕구를 많이 발동시키는 이유는 아마 엄마들에게 내재되어 있는 불안이 높기 때문이라 생각한다. 엄마들에게는 '내 딸은 이 사회에서 사랑받는 여자로 안전하게 살아가야 할 텐데…'라는 불안이 존재한다. 그렇기 때문에 딸이 이 사회에서 암묵적으로 요구받는 여성상에서 비껴가려는 조짐이 보이면 딸들을 통제하는 식으로 자신의 불안을 다루게 되는 것이다. 엄마의 무의식에 담겨 있는 딸에 대한 불안이 높을 때 엄마는 딸이 독립적인 존재로 분리되는 것에 심정적으로 저항한다.

> 불안 수준이 높을 때, 사람들은 가족 내에서 정서적으로 반응하고 보다 더 미분화된다. 불안 수준이 감소되면, 자율성은 증가한다. 일부 가족들은 만성불안 수준을 드러낸다. 그런 가족구성원들은 개별화보다 가족의 일치감에 더 많은 관심을 갖는다.
> **대니얼 페이퍼로, 《보웬가족치료를 위한 짧은 이론서》, p.91, 시그마프레스**

chapter 2 조율: 서로를 홀로 서게 하는 적정거리

이 이론에 따르면 불안한 세상에서 딸이 엄마에게 딱 붙어 독립적으로 분화되지 않고 미분화된 채 아바타가 되는 것만큼 엄마에게 안정감을 주는 것은 없다. 그렇기 때문에 내재된 불안이 많은 엄마일수록 딸을 아바타로 자기 곁에 강렬하게 묶어두기를 원한다.

또 하나, 엄마들 세대에서 한국 사회에서 여성은 결혼을 하고 출산을 하면 엄마와 아내, 며느리 외에는 자아를 실현하고 자신을 성장시킬 다른 대안이 마땅치가 않았다. 그렇기 때문에 자기도 모르게 자아의 확장판으로서 심리적 접근이 가장 쉬운 딸들에게 자신의 자아를 확장한다. 엄마들은 딸에게 자신의 꿈을 이양시키기도 하고 자신이 원하는 외모를 구현하기도 한다. 보통 엄마들은 자신이 딸과 심하게 밀착되어 있다는 것을 잘 인지하지 못하는 경우가 많기 때문에 딸들과 자신이 다른 인격체이며 심리적으로 독립되어야 한다는 필요성을 느끼기 어렵다. 그래서 모녀 사이에 각성이 일어나기 전까지 많은 딸들은 엄마의 아바타가 된다. 하지만 불행한 사실은 아바타화된 딸은 절대로 높은 자존감을 가지고 남은 인생을 활기차고 호기롭게 살아가기 어렵다.

자존감이 높은 자녀들로 키우기 위해서 부모들이 가져야 할 가장 기본적인 태도는 자녀들의 인격을 무시하지 않고, 부모의 입장만 주장하지 않으며, 부모의 생각이나 감정대로 자녀들을 끌고 가지 않는 것이다. 부모가 자녀들의 삶보다 지나치게 앞서가지 않고, 자녀들의 입장을 고려하지 않거나 자녀들을 억울한 상황에 처하게 하지 않아야 한다.

김영애, 《사티어 빙산의사소통》, pp.90~91, 김영애가족치료연구소

결국 딸의 아바타화는 딸의 인생이 불행해지는 지름길이고 궁극적으로 엄마와의 관계 또한 악화시키는, 우리가 가장 경계해야 하는 행위이다. 어쩌면 어린 딸을 키우는 독자 중에는 자신이 딸을 아바타처럼 대해온 것은 아닌가, 스스로를 되돌아보며 소름이 끼치는 경우도 있을지 모르겠다. 하지만 우리들의 엄마들도 그랬듯이 많은 엄마들은 딸들을 너무 사랑하기 때문에 이런 실수를 한다. 실수는 교정하면 되는 것이고 아바타 만들기 또한 대물림하지 않으면 충분하다.

그럼, '엄마의 아바타가 되지 않고 내 딸을 아바타로 만들지 않기'는 어떻게 가능할지 생각해보자.

엄마의 아바타가 되지 않고 아바타 대물림을 하지 않는 법

1   내가 아바타 같은 딸이었다면 그냥 그 사실을 받아들이자.

chapter 2 조율: 서로를 홀로 서게 하는 적정거리

(이런… 난 아바타였어.)

2. 지금이라도 엄마의 아바타 역할을 거절한다. (엄마, 겨자 넣은 비빔냉면은 그냥 엄마 다 드셔.)

3. 딸에게 뭔가를 가르쳐야 한다고 느끼는 순간 '취향'과 '옳고 그름', '안전'과 '성격기질'에 대해 분간해본다.
   - "여름엔 수박이야." → 취향
   - "그 옷을 왜 샀어?" → 취향
   - "따돌림은 나쁜 행동이야." → 옳고 그름
   - "너, 왜 이렇게 잠이 많니?" → 성격기질(절대적 수면 시간의 양은 사람마다 다름)
   - "신호등 건널 때 급하게 건너면 안 돼." → 안전

옳고 그름과 안전은 꼭 가르쳐야 하는 것이고, 취향과 성격기질은 인정하고 내버려두어야 하는 것들이다. 하지만 때로 취향과 성격기질에 대해서 반드시 조언을 해야 하는 순간이 있을 것이다. 예를 들어 너무도 느긋한 성격에 여유를 부린 나머지 누군가와 한 약속을 지키지 못했을 경우 이렇게 말할 수 있다.

"음… 느긋한 면은 좋은데, 결국 이번에 기한을 넘기고 약속을 못 지켰네. 이건 너에 대한 신뢰와 책임감에 대한 문

제이기도 하고 누군가에게 피해를 주는 문제이기도 하니 반드시 개선할 필요가 있어."

이때 엄마의 말은 철저히 조언과 제안이 되어야 하고 비난이 되어서는 안 된다는 점을 기억하자.

가끔 이런 생각을 하곤 한다. 이 세상에 나라는 사람이 한 명인 것이 참으로 신기하지 않은가. 지구에 이렇게 많은 사람들이 있는데 어떻게 생김새도 성격도 모두 다 다를 수가 있을까? 심지어 쌍둥이도 어떻게 저렇게 다를까? 인간이 고귀한 이유는 개별적인 고유성을 가지기 때문이다. 이는 아바타보다는 고유한 한 개인이 비교할 수 없이 멋진 이유이기도 하다. 그러니 한 개인으로서 고유한 특성을 가지고 태어난 신비로운 존재인 딸을 굳이 내 아바타로 전락시키지는 말자. 딸을 아바타로 만드는 것보다는 딸의 고유한 특성이 어떻게 성장하고 발현되며 주변에 영향력을 끼치고 이 사회를 변화시키는지 그 경이로운 과정을 바라보는 것이야말로 무엇과도 비교할 수 없는 큰 행복이 될 테니 말이다.

chapter 2 조율: 서로를 홀로 서게 하는 적정거리

좋은 엄마 신화에 사로잡힌 젖가슴

모유수유를 24개월 했다. 그것도 완모('완전모유수유'의 준말로 아이에게 분유는 일체 주지 않고 오로지 모유만 먹이는 것을 말함)를. 그것도 워킹맘으로. 24개월간 나의 가슴을 아이에게 바쳤다. 남자들에게 군대 가서 추구한 얘기가 있다면, 여자들에겐 애 낳고 모유수유한 얘기가 있다. 모유수유의 여정이란 정말 만만한 길이 아니다. 출산 직후부터 집은 목장이된다. 갓 엄마가 된 자는 자신이 인간인지 소인지 그 경계를알 수 없는 모호한 지점에서 모유 양과 사투를 벌인다. 한 방울의 모유는 금보다도 귀하며, 조금이라도 남으면 냉동실로직행, 아기를 토실하고 건강하게 키우기 위한 전력 질주는계속된다. 모유여 샘솟아라. 두유와 설렁탕을 먹는다. 과학과 민간요법, 그 무엇이 더 효과적인지는 확실치 않다. 그냥 할 수 있는 모든 것을 시도할 뿐이다.

　이뿐인가. 모유가 흘러도 출근은 계속된다. 밖에 나가서 일을 할 때 젖이 돌고, 젖이 도는 순간 이 신선한 모유를 아이에게 먹일 수 없다는 사실에 마음 아파하면서, 화장실에서 젖을 짠다. 한번은 지하철에서 젖이 돌아 블라우스 맨 위 단추가 툭 하고 풀렸다. 자기 혼자 풀려버린 단추를 수습하기까지 내 앞에 앉아 있는 남자가 고개를 들지 않기를 얼마나 간절히 기도했는지 모른다. '고개 들지 마, 들지 마, 그대로 있어. 절대로 너의 고개를 들어선 안 돼.'

　참으로 험난했던 완모 24개월 여정을 돌아보며 이제 와서 드는 생각은 '정말 내가 왜 그랬을까?', '난 왜 그렇게까지 했을까?'이다. 그도 그럴 것이 이제 열두 살이 된 아이는 자기가 엄마의 쭈쭈를 먹었다는 것 자체를 기억하지 못한다. 정말로 엄마 가슴에서 우유가 나왔냐며, 초코 맛도 나왔냐며, 지금도 나오냐며, '똥고발랄한' 질문을 해댈 뿐, 정작 자신이 모유를 먹었던 기억은 나지 않는단다. 내가 너에게 어떻게 모유수유를 했는데 그걸 기억 못하다니, 이 자식아… 기억해, 기억해내란 말이다.

　그런데 정말 나는 왜 그랬을까? 왜 그토록 힘든 모유수유에 집착했을까? 돌아보면 아마도 나는 나의 엄마와는 다

chapter 2 조율: 서로를 홀로 서게 하는 적정거리

른, 정말 아이를 잘 돌봐주는 엄마가 되고 싶었던 것 같다. 엄마에게 받고 싶었지만 받지 못했던 사랑을 내 아이에게만은 주고 싶었던 것 같다. 그렇게 나는 스스로를 채우고 위로하려 긴긴 모유수유의 과정을 거쳤다. 힘들었지만, 아이는 기억조차 못 하지만 사실 후회는 없다. 내 선택이었고, 어쩌면 그 시간은 내가 나를 양육하는 시간이었다. 그렇게도 어렵다는 완모를 24개월 완주했다는 것은 마라톤 완주를 한 것만 같은 큰 성취감을 주기도 했다. 사랑을 주는 것을 통해 내 안의 모자란 사랑이 채워졌다. 그리고 그 성취감은 나의 자존감을 높이는 데 도움이 됐다.

모유 반 분유 반의 진실

내가 모유수유를 선택했던 또 다른 이유는 사회적인 분위기 때문이었다. 분유보다 모유가 '더 좋은 엄마'의 선택이라는 압력 속에, 나는 사회가 용인해주는 좋은 엄마의 범주 안으로 들어가고 싶었다.

하지만 사실 아기의 심리 발달과 관련해 모유와 분유 사이에는 큰 차이가 없다. 분유도 아기를 꼭 안고 눈을 마주치면서 주면 아이가 엄마의 젖을 빨지 않아도 사랑을 느끼고 건강하게 성장하는 데 충분하다. 요즘같이 환경오염과 미세 플라스틱 문제가 심해지는 시점에서는 과연 엄마 몸을 통해 나가는 모유가 분유보다 아기에게 더 건강한 먹거리라고 누가 장담할 수 있겠는가. 하지만 많은 여성들은 사회적인 시선에서 자유롭기 어렵다. 그래서 사회가 만들어놓은 모성신화 즉, 좋은 어머니는 아이와 가정에 헌신적이며 희생적으로 아이를 돌보고 아이 곁에 항상 머문다는 식의 신화적 요소를 떨치지 못해 괴로워한다.

그런데 또 이중 잣대인 것이 입장을 바꾸어 나의 엄마가 그런 모성신화에서 비껴가 있을 때는 은근히 서운해하는 이중적인 감정을 지니기도 한다. 예를 들면 나는 아이에게 모유수유를 하던 중 문득 우리 엄마는 나를 모유수유로 키웠는지 아니면 분유수유로 키웠는지 궁금해졌다. 초등학교 시절 엄마에게 이에 관해 물어본 적이 있었는데 엄마의 대답이 영 시원치가 않았다. 그냥 둘 다 먹었다며 내가 잡식이었다는 식으로 말끝을 흐렸다. 엄마는 자기가 자신 있는 부분은 두세 번 반복해서 말하는 습관이 있었기 때문에 그 대답으로 미루어보아 엄마 스스로 그 부분에 있어서 뭔가 찔리는 것이 있는 것 같았다.

소고기도 육회로 삼키는 마당에 모유인지 분유인지 그

chapter 2 조율: 서로를 홀로 서게 하는 적정거리

게 뭐가 중하다고 이제 와서 나는 모유파인가 분유파인가를 이토록 궁금해하는 걸까. 이 궁금증을 풀기 위해 할머니와 이모에게도 물어보았지만 35년 전, 한 아기의 식생활을 어제 일처럼 기억하는 사람이 있을 리 없었다. 집에 아기가 한두 명도 아닌데 할머니와 이모의 대답은 비슷했다.

"아마… 둘 다 먹었을 걸?"

결국 잡식이었을 것 같다는 답이 돌아왔다. 대답은 만족스럽지 않았고 더불어 소중한 나의 아기 시절을 기억하고 속 시원하게 증언해줄 사람이 없다는 사실에 기분도 점점 나빠졌다.

그러던 어느 날, 이모가 오래된 앨범에서 찾은 사진이라며 내가 돌 때쯤 엄마랑 이모랑 수영장에 간 사진을 보내주었다. 사진 속 내 모습이 너무 귀엽다며, 엄마와의 소중한 추억이니 잘 간직하라고 보내준 사진이었지만 정작 나는 그 사진에서 놀라운 사실 하나를 발견하고 말았다. 수영장인데 우리 엄마는 허리에 벨트가 있는 하얀색 정장 스타일 원피스를 입고 있었던 것이다! 아기가 이제 갓 돌인 엄마의 수영장 룩 치고는 상당히 시대착오적이지 않은가! 엄마의 사진을 요즘 SNS 해시태그식으로 표현해본다면, 딱 이랬다.

#수영장 #아기와함께 #화이트정장 #빛나는벨트

이모도 그때 아기를 키우고 있었는데, 이모의 수영장 룩은 내 맘에 아주 쏙 드는, 퍼지는 원피스였다.

#수영장 #아기와함께 #펑퍼짐한통원피스 #언제나안아줄준비

그렇다. 엄마의 화이트 원피스는 내게 이런 확신을 주었다. '뭐야…, 역시 내 느낌은 틀리지 않았잖아! 엄마는 애기인 나를 돌보는 것에는 관심이 없었어! 만 한 살짜리 애기를 수영장에 데리고 가면서 벨트가 있는 정장 원피스라니? 아기에게 무슨 일이 생길지 모르는데 자기 멋만 부리는데 급급한 거잖아. 분명 모유도 안 줬을 거야! 그런 노력을 할 사람이 아니야!'

흥분한 나머지 이모에게 이런 내 생각을 쏟아내자, 이모는 그게 핵심이 아니라며 부인하기에 바빴다. 어쨌든 나는 며칠 동안 하얀 벨트 원피스의 충격에서 벗어나기 어려웠다. 내가 아기였던 시절을 제대로 기억해주는 사람도 없고, 그렇게도 궁금한 모유와 분유 사이 진실을 밝혀낼 길도 없는데 엄마는 수영장에서 벨트나 차고 앉아 있다니. 이럴 거면서 날 왜 낳은 거야. 대체 이 험난한 세상에 왜 나는 태어난 거야! 서러웠다. 머릿속이 복잡해졌다. 생각이 꼬리에 꼬

chapter 2 조율: 서로를 홀로 서게 하는 적정거리

리를 물고 극단으로 치달아 올랐다.

하지만 시간이 지나면서 내가 가졌던 이런 생각 자체가 사회가 원하는 모성신화에 우리 엄마를 끼워 넣으려는 시도임을 알게 되었다. 엄마가 합격점 안에 드는지 아닌지를 테스트하려는 시도와 다름없는 것이다. 우리 엄마는 모성신화에 잘 어울리는 캐릭터여야 하고, 그래야 나라는 존재가 안전하게 사랑받았다 말할 수 있다고 믿었던 내 불완전한 사고. 이것이 모유 반 분유 반의 실체적 진실을 궁금하게 만들었던 것이다. 나는 나 자신이 모성신화의 희생양이 되기는 원치 않으면서 정작 내 엄마는 모성신화에 어울리는 엄마이길 바랐던, 이율배반적인 생각을 하고 있었다. 이제 와 생각해보면 엄마에게 참 가혹하고 미안한 일이다.

엄마는 엄마이기 이전에 한 개인이고 자신의 몸에 대한 결정을 내릴 수 있는 주체적인 여성이거늘 난 그 여성을 엄마의 자리로 끌어내려 호되게 질책하고 있었던 것이다. 생각이 그렇게 정리되자 모유 반 분유 반에 대한 질문은 의미가 없어졌다(수영장 원피스는 좀 다른 얘기지만). 근본적으로 가슴은 엄마의 몸이고 엄마의 선택이니까. 그녀가 피와 살을 내어줄지 말지는 오직 그녀의 마음인 거니까. 모유가 아니어도 아기는 죽지 않고 영양학적으로 균형 잡힌 분유는 살마저 토실하게 오르게 해준다. 게다가 분유는 아기들이 한 번 맛보면 잊지 못한다는 황금비율 레시피로 만들어졌다. 또한 모유는 한 가지 맛이지만 분유는 골라 먹는 재미에 섞어 먹는 재미까지 곁들일 수 있다. 그렇게 훌륭한 분유가 존재하는 한 모유수유의 여부는 최종적으로 엄마, 그녀에게 결정권이 있는 것이다.

엄마와 딸의 이상형

모녀는 서로를 이상화하며 그에 못 미치는 서로를 아쉬워한다.

"누구네 엄마는 허리, 무릎 아프지가 않아서 애 두 명을 봐도 거뜬하다더라."
"누구네 엄마는 연금이 나와서 노후 걱정이 없다더라."
"누구네 엄마는 아빠랑 사이가 좋아서 딸들한테 한풀이를 안 한다더라."

"그 집 딸은 공부도 잘하고 스스로 척척, 손이 갈 것이 없다더라."
"그 집 딸은 전교 3등 안에 든다더라."

chapter 2 조율: 서로를 홀로 서게 하는 적정거리

"그 집 딸은 외모가 모델이라더라."
"그 집 딸은 용돈을 팍팍 준다더라."

이상화에 익숙한 그녀들은 대를 물려 모녀신화를 만들어내며 서로를 평가하고 옥죈다. 하지만 이런 미련은 서로에게 상처만을 줄 뿐이다. 엄마와 딸 모두 각각 독립적인 개인이다. 그러므로 서로에 대한 기대를 내려놓고 좀 더 느슨한 관계가 되어야 한다. 때로는 남이라 생각하며 대하는 순간도 있어야 정신건강에 좋다. 그런 말이 있지 않은가. 며느리가 하는 행동이 맘에 들지 않을 때에는 옆집 며느리라고 생각하고, 아이에게 열이 받으면 조카라고 생각하라고. 적절한 거리감을 가져야 갈등이 줄어든다는 의미이나. 딸과 엄마의 관계도 그렇다. 때로는 남을 대하는 것 같은 존중감과 거리감이 모녀 관계를 지켜준다.

딸이 엄마의 소유물이 아니듯이 엄마도 딸의 소유물이 아니다. 우린 서로에게 타인이다. 다만 매우 특별히 사랑하는 타인. 그러니 함부로 엄마의 가슴을 내 것처럼 탐하지 말 것. 또한 나의 가슴을 못 내준다 하여, 내주기 싫은 마음이 든다 하여 죄책감 가지지 말 것.

갱년기 열병을 잠재우는 딸의 한마디

딸들이 엄마를 여자로서 이해하기에는 조금 이른 나이에 보통 엄마들의 갱년기가 찾아온다. 나도 지금 돌아보면 이런 생각을 했던 것 같다.

'엄마가 좀 이상해졌어. 왜 더 감정적이 되고 나한테 기대려고 하지? 부담스럽게….'

그런데 돌이켜보니 이런 생각을 했을 즈음이 바로 엄마의 갱년기였다. 갱년기에 대한 지식이 전무했던 나는 엄마가 좀 이상해지고 감정적으로 불안정해진 시기로 당시를 기억할 뿐이다. 그래도 다행인 것은 엄마에게 본격적으로 갱년기가 시작되었을 때 내가 대학 생활로 한참 공사다망했다는 사실이다. 나는 밖으로 돌았고, 다행히 집 안에서 엄마와 격돌하는 일이 매우 적었다. 지금도 그때를 생각하면 가슴

chapter 2 조율: 서로를 홀로 서게 하는 적정거리

을 쓸어내리게 된다.

　엄마들의 갱년기는 마치 기나긴 태풍 같다. 짧게는 2~3년, 길게는 15년 이상도 간다고 하니 갱년기라는 인생의 새로운 시기는 그냥 두면 지나가는 그런 단순한 시기가 아닌 삶의 한 과정이자 일부분이라고 봐야할 것 같다. 엄마에게 갱년기가 찾아오면 갑자기 엄마의 세상이 변한다. 일단 엄마의 몸이 변한다. 생리는 종료되고 여성으로의 정체성에 대한 질문들도 생긴다. 불행히도 때에 맞춰 가족들의 생애주기마저 가파르게 변한다. 품 안의 자녀는 사춘기에 접어들거나 대학에 진학해 외박을 하고 친구들이랑 한 달씩 여행을 가기도 한다. 군대에 가거나 결혼을 하는 경우도 있다. 그렇게 아이들은 엄마에게서 빛의 속도로 밀어신다. 지난달만 해도 아침에 깨워 밥을 해 먹이느라 정신이 없었는데 하루아침에 끝. 그동안 수고하셨습니다. 엄마는 갑자기 빈 집에 혼자 앉아 있는 신세가 된다. 몇십 년간 쉬지 않고 돌아가던 공장이 멈추고 모든 기계의 전원이 꺼지듯 엄마로서의 삶이 그렇게 멈춘다.

　게다가 이 시기는 본인이 주체적으로 결정해 맞이한 것이 아니다. 자연스러운 인생의 흐름이다 보니 누구를 원망할 수도 없다. 그저 적응해야 하는 숙명만이 그녀들 앞에 주어진다. 충분한 마음의 준비 없이 맞이한 강제 영업종료로 마음이 고통스럽다. 엄마는 살아왔던 방식과 구조를 하루아침에 바꾸고 재적응해야 한다. 이 시기는 혼란 그 자체이며, '여긴 어디? 난 누구? 지금까지 난 왜 그렇게…. 이제 난 어떻게…?'와 같은 질문들만이 허망하게 남는다.

물론 엄마는 또 다시 적응하고 길을 찾아가지만(엄마가 파란 바지에 분홍 점퍼를 입고 빨간 모자를 쓰고 운동을 하러 다니기 시작했다면 엄마는 출구를 찾기 시작한 것이다) 그러기까지 열병과 같은 시간을 지나야 한다. 이처럼 엄청난 변화를 몰고 오는 갱년기라는 새로운 세계 앞에 선 엄마들은 상당히 분열적인 상태가 된다. 갑자기 지구가 반대편으로 돌기 시작한 느낌이랄까. 그녀들은 천지개벽이라도 하듯이 자기가 살아온 인생을 부인하며 허망하다, 헛되다, 한탄하다 급격한 우울감에 빠졌다가 또 괜찮아지는 등의 극심한 감정기복을 보인다. 갱년기는 단지 얼굴이 달아오르는 급작스러운 홍조만의 문제가 아니다.

만일 이 시기, 중년에 접어든 엄마가 자기 자신이 어떤 사람인지, 자신이 어떤 상처를 가지고 있는지 잘 알지 못하거나 혹은 진정한 자기 자신을 대면하고 스스로 상처를 극복해본 경험이 없다면, 갱년기는 더욱더 강력한 쓰나미처럼

chapter 2 조율: 서로를 홀로 서게 하는 적정거리

그녀를 덮쳐오게 된다. 엄마는 갱년기에 강타당한다.

현주는 갑자기 사라진 엄마 때문에 너무도 당황했다. 엄마가 요즘 좀 우울해하고 갱년기에 들어섰다는 것은 알고 있었지만, 갑자기 집을 나갈 줄은 상상도 하지 못했다. 엄마의 휴대전화 전원은 꺼져 있었다. 엄마가 갈 만한 곳을 가보고 전화도 돌렸지만 엄마를 찾을 수 없었다. 실종신고라도 해야 하나? 현주와 동생들은 패닉에 빠졌다. 아빠도 엄마가 어디 갔는지 알 수가 없었다. 그렇게 모든 가족이 큰 충격에 빠져 있을 때 강원도에 사는 엄마의 중학교 동창에게서 문자가 왔다.

'네 엄마 여기 있어. 강원도에서 펜션 하는 이모인데 네가 기억할지 모르겠네. 엄마가 좀 힘든 것 같은데 걱정하시 말아. 내가 잘 데리고 있을게.'

가족들은 털썩 주저앉았다. 엄마는 왜 갑자기 그곳으로 갔을까? 딸들은 참지 못하고 바로 시동을 걸고 강원도로 달려갔다. 그리고 드라마에서처럼 모래사장에 혼자 앉아 있는 엄마를 발견했다.

"엄마, 여기서 뭐해? 미쳤어? 우리가 얼마나 놀랐는지 알아?"

"응…. 엄마 미쳤어…."

그러고는 엄마는 더 이상 아무 말도 하지 않았다. 현주는 집으로 돌아왔고 엄마는 2주 후에야 만날 수 있었다. 엄마는 집을 나간 그날에 대해 이렇게 설명했다.

"설거지를 하고 돌아서는데 말 그대로 눈앞이 캄캄해졌어. 그냥 까매…. 캄캄하고 답답한데 가슴이 막 뛰어. 심장이 벌렁벌렁…. 막 눈물이 나는데 그냥 딱 거기 그대로 쓰러져 죽을 것 같더라고. 그래서 그냥 나갔어. 그냥 나갔어. 근데 아무 말도 할 힘이 없어. 말이 안 나와. 내가 이러다가 미칠 수도 있겠구나 싶고… 그랬어."

현주의 엄마는 갱년기를 맞아 네 가지 문제가 동시에 덮쳐온 케이스였다.

1 몸의 변화
2 가족들의 생애주기 변화(자녀들이 독립하고 떠남)
3 치유되거나 정리되지 않은 유년 시절의 아픈 상처들
4 오랫동안 묵혀두고 포기했던 남편과의 갈등

현주의 엄마는 다행히도 가족들의 도움 속에 정신건강의학과를 찾아 상담과 치료를 받기 시작했다. 이처럼 갱년기가 끌고 오는 삶의 문제와 심리적인 어려움은 고구마 줄

기와도 같아서 줄기 끝에 무엇이 달려 있는지 알 수가 없다. 그래서 나는 수많은 여성들에게 이렇게 말한다. 견과류와 석류만으로 갱년기를 이겨내기에는 턱없이 부족하다고. 본격적인 갱년기를 맞이하기 전 반드시 자신의 유년 시절, 청소년 시절의 상처들을 잘 해결해놓아야 하고, 또 조각난 부부 관계가 있다면 해결까지는 못하더라도 최소한 원인 파악이라도 하고 있어야 한다고. 내면이 정리되지 않은 상태에서 갱년기를 맞이하면 정말 무슨 일이 일어날지 모른다고. 그리고 만일 내가 만난 여성이 자기 자신은 잊은 채 자식에게 기능하는 엄마로서만 올인하고 있는 상황이라면 더더욱 힘을 주어 말한다. 갱년기를 맞이하기 전 당신 자신을 꼭 찾아야 한다고!

   한국의 엄마들이 갱년기를 더욱 힘들게 맞이하는 이유는 한국 사회에는 기능하는 엄마, 즉 도구적인 모성으로서의 삶을 사는 경우가 많기 때문이다. 다시 말해 밥을 해 먹이고, 학원 라이딩을 해주고, 같이 입시전략을 짜고, 시험 때 같이 밤을 새워주는 식의 도구적인 모성의 역할이 강하기 때문에 더 이상 그런 기능을 할 필요가 없어진 시점에서 엄마들은 큰 박탈감을 느끼게 된다. 엄마들은 심리적으로 미처 준비되지 못한 상태에서 갱년기를 맞이한다. 한국 엄마들의 갱년기는 호르몬만큼이나 도구적 모성이 더 이상 기능할 수 없는 시점에 시작되기에 다시 홀로서기까지는 기나긴 고통의 시간을 지나야만 한다.

50대 한국 여성의 모성경험에 대한 Noh와 Han(2000)의 연구에서 자녀에 대한 도구적인 관점이 나타났으며 이러한 도구적 모성은 그들의 성장기 경험과 비교해볼 때 이들 세대에서 시작되는 특징이라고 제언하였다. 자녀에 대한 도구적 관점이란 자녀를 최대한 뒷바라지하고 성공시키려는 의식을 뜻하며 현실적으로는 자녀에 대한 다양한 방식의 투자로 나타난다. 이는 부모 자녀 간의 관계 자체에 의미를 두는 관계지향성보다는 어떠한 도구로서의 역할을 할 것인가에 대한 역할지향성이 두드러지는 특징임을 의미한다. 즉 이러한 세대적 특징을 가진 현대의 중년은 사회의 가치체계 혼란과 함께 자신의 가족 내에서의 역할 변화로 오는 갈등을 경험하는 것을 알 수 있으며 Noh와 Han(2000)은 이 시기 모성 경험의 핵심주제가 자녀와의 심리적 분리라고 보고하였다. 따라서 자녀와의 분리경험 과정에 대한 이해와 자녀와의 분리경험이 중년후기 여성에게 어떠한 영향을 미치는지 그리고 이로 인한 중년 여성의 신체적·심리적 건강문제를 예방하고 중재하기 위해서는 이들의 상호작용과 적응과정을 이해할 필요가 있다.

신수진, 박복남, 강효영, 「한국 중년여성의 성인 자녀와의 분리경험에 대한 근거 이론적 접근」, 〈성인간호학회지〉 제17권 제5호(2005)*

그러니까 자신을 희생하거나 잊은 채 또는 적극적으로 자신 대신 아이를 자기성취의 대상으로 삼으며 기능적이고 도구적인 모성을 실천할 때, 더 이상 자녀들이 엄마의 기능을 필요로 하지 않는 시점이 오면 엄마는 분열적인 상태가 되고 마는 것이다. 그래서 원래 이런 비극을 방지하기 위해서는 도구적 모성과 함께 관계적 모성을 함께 사용하며 살아야 한다. 도구적 모성이란 아이가 시험 기간에 시험을 잘 볼 수 있도록 공부를 다그치는 모성이라면, 관계적 모성은 시험을 준비하는 아이의 긴장감, 시험 결과를 받아들이는 아이의 마음 상태를 함께 느끼고 다독이고 격려하며 아이의 감정 자체를 인정하고 안아줄 수 있는 모성이다. 말 그대로 목표 없이 존재로서 감정을 나누고 공감하는 능력이다.

* https://www.koreascience.or.kr/article/JAKO200525458753760.pdf

"시험 내일이지? 자기 전에 시험 범위 한 번 더 훑어봐. 늦게 자지 말고. 그리고 오늘 게임 금지야." (도구적 모성)

"시험 망했어? 기분 안 좋겠네…. 치킨 먹을까? 열심히 했잖아, 괜찮아. 일단 고생했으니 오늘은 먹자." (관계적 모성)

우리가 관계적 모성을 많이 발달시킬수록 도구적 모성이 기능하는 시점에서 벗어나도 아이들과의 관계를 유지할 수 있으며, 박탈감도 비교적 덜 느끼며 갱년기를 보낼 수 있다. 물론 말처럼 쉬운 건 아니다. 나 역시 평소 아이의 이야기를 꽤 들어주는 편이라고 생각했는데 한 번은 아이가 돌아누우며 한마디 했다.

"공감해주는 문장은 겨우 1개 말하더니, 타이르는 문장은 아주 자세히도 6개나 말하네…."

그렇다. 관계적 모성이 이렇게나 어렵다. 하지만 포기하지 말고 노력해야만 한다. 학원 시간을 관리해주는 엄마는 아이가 커버리면 더 이상 필요하지 않지만, 실패감을 느꼈을 때 위로와 힘을 주는 엄마는 오래도록 필요한 대상으로 남는다. 그러니 혹시 너무 열심히 자녀를 키우고 있는 것은 아닌지, 도구적 모성을 너무 과하게 사용하고 있지 않은지 한 번쯤 스스로에게 물어보자.

chapter 2 조율: 서로를 홀로 서게 하는 적정거리

갱년기란 단순히 얼굴이 화끈거리는 정도의 문제가 아닙니다. 육체적·심리적·관계적으로 장기간에 걸친 준비를 필요로 한다. 하지만 우리의 엄마들은 어떠한가. 아침 텔레비전 프로그램에서 견과류와 석류 먹는 것 정도를 무한반복으로 접할 뿐, 심리적·관계적 준비는 전혀 하지 못한 채 갱년기를 맞이하는 경우가 대부분이다. 이 대혼란을 호두 한 알로 막아내기에는 역부족이다. 홀로 외로이 갱년기와 싸우고 있는 엄마에게는 딸의 위로가 필요하다.

"엄마, 호두 사왔어. 캘리포니아산이야. 아끼지 말고 먹어."
"엄마, 여기 초록색 바지도 있어. 담에 보라색 보면 사다줄게."
"엄마, 나 엄마 덕분에 여기까지 잘 왔어. 이제 엄마랑 떨어져 있는 시간이 많지만 엄마의 노고, 고생, 고마움, 나 꼭 기억할게."
"엄마, 아빠도 안 계신데 연애라도 해보면 어때? 내가 소개팅 알아봐줄까?"

이런 소소한 말들이 엄마가 갱년기를 딛고 인생의 새로운 페이지로 넘어갈 수 있게 하는 힘을 준다.
그리고 또 하나, 엄마는 이 시기에 무엇에서든지 자기효능감과 유능감을 찾으며 존재감을 지켜나가려 할 것이다.

예를 들어 새벽 2시에 일어나 김치전을 30장 부친다거나, 남의 집 제사 음식을 대신 해준다며 팔을 걷어붙이더니 결국 파스 대잔치에 몸살이 난다거나, 갑자기 자전거를 산다거나, 50포기 하던 김장을 100포기 한다거나…. 엄마가 블랙위도우*처럼 엄청난 스케일의 행동으로 일을 키울 때에는 절대로 말리지 말아야 한다. 위축된 자기효능감을 찾아가기 위해 노력하는 중일 뿐이기 때문이다. 이런 엄마를 위해 딸들이 할 일은 김치 부침개 끄트머리를 뜯어먹으며 "뭐야, 왜 이렇게 맛있어?"라고 하거나, "엄마, 나 엄마랑 반찬 가게 사업할까?"라고 하거나, "엄마 김치는 홈쇼핑에 팔아도 되겠다"고 너스레를 떨어주는 정도면 충분하다. 그러다 보면 엄마도 드라마를 보며 이리 뒤척, 저리 뒤척 하다가 곧 적응기를 끝내고 못 이기는 척 "어떤 스타일인데…?"라며 소개팅 제안을 받아들일지도 모른다.

갱년기更年期라는 말은 다시 갱更 자를 쓴다. 즉 다시 태어나고 다시 시작하는 시기를 말한다. 그런데 다시 태어나는 것이 어디 쉬운 일이던가. 엄마는 말로 다 표현할 수 없을 만큼 혹독한 재탄생의 시기를 지나고 있다. 열병과도 같은

---

* 마블 코믹스의 캐릭터이자 동명의 영화의 주인공으로도 등장한 여성 스파이 히어로.

chapter 2 조율: 서로를 홀로 서게 하는 적정거리

엄마의 갱년기, 엄마가 멋지게 다시 태어날 수 있도록 호두와 파란 바지 그리고 따뜻한 말 한마디를 아낌없이 협찬해 드리기 바란다.

엄마를 과소비하지 말 것

　황혼육아에 골병이 든 노년 여성들이 정형외과의 가장 큰 고객이라고 한다. 온몸이 안 쑤시는 곳이 없고 신경통은 만성이 되어 관에도 함께 들어갈 판이다. 꽃길을 수놓아준 대도 무릎이 시큰하다.
　딸은 어린 시절부터 동성인 엄마와 많은 것을 공유하고 지원받으며 살아간다. 식생활은 물론이고 처음 가슴이 나올 때 속옷을 고르는 것부터 옷, 입시 학원, 쌍꺼풀 수술을 할 병원까지 엄마와 함께 고른다. 그만큼 딸은 의식하지 못하는 많은 부분에서 엄마와 연결되어 있다. 항상 서로 팔짱을 끼고 다니는 것은 아니어도 심리적으로는 그렇게 연결되어 있다. 엄마와 딸은 항상 서로 팔짱을 끼고 살고 있다. 어떤 딸은 성인이 되어서도 엄마의 눈동자가 자신을 따라다니는

chapter 2 조율: 서로를 홀로 서게 하는 적정거리

것 같다고 했다. 딸은 자기가 엄마에게 도대체 얼마만큼 의존되어 있는지, 얼마나 깊숙이 엄마와 연결되어 있고 서로 영향을 주고받는지 잘 모른다.

어린 시절에는 자기 자신과 타인의 경계가 확실하지가 않다. 그래서 누군가에게 심리적으로 강하게 통제와 영향을 받으면 심지어 자아가 흐려지면서 힘이 있는 상대에게 의존하게 되는 위험성이 있다. 그런데 상당히 많은 엄마들이, 특히 입시가 인생의 중추를 형성하는 한국 사회에서는, 자녀의 삶에 강력하게 개입하고 이를 통제하는 경향이 있다. 자녀에게 심리적인 여유 공간은 허락되지 않는다. 여유 공간을 원하면 그것은 반항과 일탈로 해석되고 대학을 못 갈 '큰일'이 되고 만다.

많은 자녀들이 이런 식으로 어린 시절부터 엄마와 강력한 유대를 형성하며 심리적으로 연결된 하나의 운명 공동체를 형성해버리고 만다. 아무리 엄마와 딸 사이라 하더라도 절대 하나의 운명 공동체가 되어서는 안 되는 것인데 말이다. 그리고 그 통제는 주로 '크나큰 사랑'으로 해석되기 때문에 뭔가 힘들기는 하지만 저항할 악의 기운은 아닌 것으로 평가받고 딸의 삶 곳곳에 신경을 뻗어낸다.

엄마는 더더욱 이 운명 공동체를 해체하지 못한다. 엄마 또한 이 관계 안에서 자신의 가치와 존재감을 확인하며 살아온지라, 딸의 존재를 떼어낸다는 것은 자신의 인생이 갑자기 망망대해에서 표류하는 것과 같은 공황을 겪게 되는 일이다.

'우리는 떨어질 수 없어. 어떻게 우리가 떨어져….'

그리고 딸이 결혼을 해서도 이 운명 공동체는 좀처럼 해체되지 못한다. 딸이 결혼을 하고 독립을 하면 서로 '빠이빠이' 해야 하는데 엄마와 딸은 아예 서로 독립이 필요한 사이라는 것을 크게 인지하지 못한다. 그래서 엄마와 딸의 이야기는 진화를 계속해 진정한 모녀 갈등은 딸의 결혼 후 본격적으로 시작된다. 특히 모녀운명공동체라는 그 살벌하고도 엄청난 이야기의 서막은 친정엄마가 육아를 돕기 시작하면서 열린다. 사랑하지만 또 서로의 필요에 의존해서 얽힌 관계가 서로를 지치게 한다.

원래 엄마는 아들을 더 좋아하지 않느냐고? 맞다. 엄마는 아들을 사랑한다. 하지만 아들이 결혼을 한 후 그 결혼생활에 개입하면 아들의 인생이 피곤해진다는 것을 우리 엄마들도 많이 배웠다. 고부 갈등의 대한 화두는 이미 너무도 유명한 이야기가 되었다. 그래서 아들을 둔 엄마들은 애저녁에 아들의 평화를 위해 아들 내외와 관계를 맺는 것 자체를 매우 조심하는 경향이 있다. 주변에서도 아들 내외와 지나치게 가까워지는 것에 대해 많이 말린다.

"며느리한테 자꾸 반찬 해다 주지 마. 싫어한대, 요즘은."

"아들 집에 전화도 안 하고 갔어? 아유, 말은 안 해도 싫어하지~."

교육의 순기능이라고 볼 수 있다. 그런데 딸은 다르다. 딸과의 관계에 대한 부분은 교육 청정지역과도 같다. 어떤 기준점도, 매뉴얼도 없다. 친정엄마가 결혼한 딸을 도와주는 것은 그저 너무 당연한 일이고, 그런 엄마를 둔 딸은 복도 많은 여자인 것이다.

게다가 친정엄마가 자라온 세대는 가부장적인 사회로 엄마가 자녀들에게 희생과 헌신을 하는 것은 너무도 낭연한 일이었다. 그렇기 때문에 자녀가 성인이 되고 가정을 꾸리고 독립을 했다고 해도 힘닿는 데까지 자녀를 돌봐주는 것을 부모의 덕이라고 생각한다. 하지만 이러한 생각이 자녀의 인생과 본인의 삶을 분리시키지 못하는 상황 때문이라고는 미처 생각하지 못한다.

그리고 사실 엄마에게 딸은 만만하다. 자식 잘되라고 반찬도 해주고, 청소도 해주고, 대소사에 개입하며 돕는 것이 부모의 덕일진대, 이왕 개입하는 거, 머리 아픈 며느리 쪽보다는 딸 쪽이 훨씬 안전한 것이다. 애초부터 딸은 엄마의 영역이었으니까.

엄마는 결혼한 딸네 집 현관문을 과감하고 당당하게 열어젖힌다. 아기를 봐주고, 냉장고 정리를 해주고, 화장실 청소를 해주고, 반찬을 해다 나른다. 워킹맘의 경우는 더욱더 친정엄마가 개입할 여지가 커질 수밖에 없다. 엄마는 개입을 하다 못해 자리를 잡고 목소리를 내기 시작한다.

"애, 너는 걸레질을 안 하니? 청소기 돌린 게 청소야? 청소기에서 나오는 먼지는 다 어디로 가겠어?"

"너 택배가 너무 많이 와. 돈도 없다며 그렇게 푼돈 우습게 쓰다가 빚이 태산이 되는 거 왜 몰라?"

"신랑한테 좀 사근사근하게 해라. 그리고 아직도 오빠, 오빠…. 애도 있는데 오빠가 뭐야. 여보라고 해."

"애 과자랑 빵 좀 먹으면 죽냐? 너도 다 그렇게 키웠어. 그래서 너 죽었어? 잘만 살지? 유난은…. 아이구, 네 에미를 그렇게 위해 봐라."

chapter 2 조율: 서로를 홀로 서게 하는 적정거리

"에휴, 이걸 냉장고에 넣든지 버리든지 먹어치우든지…. 그리고 먹은 건 바로바로 치워야지, 아주 집 벽지에 반찬 냄새가 배어 있어. 너 냄새 안 나? 너 비염 다시 도졌니?"

"이럴 거면 베이비시터 구해. 내가 네 시녀냐?"

"내가 50만 원 받고 애들 봐준다니까 다들 놀라대? 딸이 많이 어렵냐고~"

"너 요즘 왜 이렇게 살이 쪄? 누가 보면 둘째 생긴 줄 알겠어. 그만 먹어."

아아, 딸을 향한 엄마의 잔소리 대잔치는 끝나지 않는다. 하지만 딸은 괴로워도 견딜 수밖에는 없다. 엄마 도움이 필요하고 또 미안하고, 잔소리는 싫지만 편한 것도 많으니까. 그리고 솔직히 말해 엄마 도움 없이 이 생활을 혼자 헤쳐나간다는 건 상상할 수 없으니까. 딸은 이러지도 못하고 저러지도 못한 채 괴로워한다. 그래서 요즘은 '친정엄마기피증'이라는 신조어까지 등장했고 친정엄마보다 시어머니가 더 편하다는 기현상이 생기기도 한다.

딸의 결혼 후 살림과 육아를 둘러싸고 벌어지는 엄마와 딸의 심리전은 〈사랑과 전쟁〉을 방불케 한다. 사실 사건은 표면적으로 '아이에게 먹인 과자 한 조각'에서 시작되었지만 두 사람이 그 과자 한 조각 앞에서 그토록 격렬해지는 이유는 오랜 시간 서로 맞물려온, 심리적으로 복잡한 유대 관계 때문이다.

모녀 연대에서 자유로워지는 법

서로가 살려면, 심리적으로 좀 떨어져야 한다. 이런 경우 고통을 그냥 견디는 것은 답이 아니다. 그냥 견디다가는 정말 사이가 안 좋아지거나, 돌이킬 수 없는 상처를 주게 되거나, 한쪽에게 마음의 병이 생길 수 있다.

이렇게 엉킨 엄마와 딸이 살 길은 서로 조금은 떨어져 독립하는 것이다. 하지만 이는 엄마 쪽에서 먼저 시도하기 쉽지 않다. 딸이 슬슬 서로의 독립을 준비하고 마음을 단단히 먹어야 한다. 둘 다 행복해지는 길은 이 길뿐이다. 그런데 이 지점에서 많은 딸들이 주춤한다. 엄마를 소비하는 일을 멈추자면 상당히 큰 용기가 필요하기 때문이다. 많은 시간, 딸들은 엄마의 희생 위에 자신의 인생을 세워왔다. 엄마의 시간, 엄마의 체력, 엄마의 도가니, 엄마의 정서, 엄마의 돈, 엄마의 미래, 엄마의 인생…. 엄마에게 도움을 받는 차원을 넘어 엄마를 과소비하며 살아온 딸이 꽤 많다.

주말 육아와 냉장고 정리를 예로 들어보자. 워킹맘으로서 월요일부터 금요일까지 아이를 맡기는 것은 어쩔 수 없다고 치자. 하지만 주말까지 엄마에게 아이들을 맡기며 정작 자신은 주말에 쉬는 건 뭔가. 어쩌다 중요한 일이 있는 것도 아닌, 주말에도 상습적으로 아이를 맡기고 자신의 삶을 누리고자 하는 것, 전형적으로 엄마를 과소비하는 경우다. 냉장고 정리를 하는 엄마 손목에 붙어 있는 파스를 보면서도…

"엄마 하지 마…, 하지 마…, 하지 말지 마…"

딸은 때로, 솔직히 이기적으로, 엄마를 이용해먹는다. 엄마와 딸은 그렇게 서로 물고 물린다. 하지만 심리적으로 좋은 관계를 유지하기 위해서는 이제 그만 중단하고 서로가 서로를 독립시켜야 한다. 안 보고 살라는 것이 아니라 성인으로서 둘 다 충분히 자신의 인생을 사는 것에 더 집중해야 한다는 것이다.

물론 딸들이 엄마에게 도움을 요청하게 되는 이유와 배경에는 사회구조적인 문제가 있다. 사회적 분위기는 워킹맘들에게 절대 너그럽지 않다. 사회는 '여러분, 이제 이 사회는 가족 친화적으로 변해야 합니다'라고 거창한 슬로건을 내걸

뿐 현실의 벽은 여전히 턱없이 높다. 집밖에서 일하는 여성이 아이를 편히 낳고 걱정 없이 일하는 것은 현재로서는 거의 불가능하다. 이는 대부분의 워킹맘들이 그리고 나 자신도 체감하며 사는 부분이다.

웬만한 부부들 사이에서는 맞벌이를 한다고 해도 가사노동과 육아노동에 대한 공정한 분배가 일어나지 않는다. 많은 남성들이 유모차를 밀고 공원에 나오며 육아와 집안일을 주체로서 나서고 있기는 하지만 그 남성은 내 남편은 아닌 경우가 더 많다. 이러한 불평등한 노동 분배는 심각한 부부 갈등을 야기한다. 그래서 상당히 많은 워킹맘들이 3년차 이상이 되면 울분이 쌓이고 체력의 한계를 느끼며 혼자서 감당하기 어려운 많은 역할들 속에 치인다. 그러다 보니 어쩔 수 없이 미안하지만 가장 편하고 믿을 수 있는 엄마에게 부탁을 하게 되고, 때로는 '내 딸만은 사회적으로 성공해야 한다. 내 딸의 독박육아를 더 이상 좌시하지 않겠다'는 의지를 가진 친정엄마가 두 팔을 걷어붙이고 나서게 되기도 한다.

거대한 사회구조적 문제 앞에서 딸과 어머니의 연대는 더욱 강해진다. 이런 가슴 아픈 연대가 사라지기 위해서 사회는 여성들의 노동에 더욱 높은 가치를 부여해야 하고, 모성신화는 폐기되어야 하며, 결혼을 한 모든 남성들은 집안

chapter 2 조율: 서로를 홀로 서게 하는 적정거리

일과 육아에 주도성을 가져야 할 것이다. 그런데 이런 사회구조적인 문제가 해결될 기미가 안 보이거나 혹은 개선되기에는 시간이 너무 많이 걸릴 것이기 때문에, 어쩔 수 없이 궁여지책으로 내가 내 엄마를 적당히도 아닌 한없이 소비하는 것이 과연 타당한 일일까? 어쩌면 이 사회구조적인 문제의 책임이 우리들 중 가장 사회적 약자일 수 있는 엄마에게 돌아가고 있는 것은 아닐까.

'문제 해결 능력'이라는 것이 있다. 같은 상황에서도 사람들은 각자 문제를 풀어가는 방식이 다르다. 누군가는 정면 돌파, 정면 승부를 하기도 하고, 누군가는 너무도 수동적이고도 지겹게 문제와 공존한다. 그런데 우리들의 문제 해결 능력은 과연 최선일까. 우리가 문제 해결의 답을 엄마로 삼는다면 우리 딸들이 살아갈 세상이 지금보다 더 나은 세상이 되리라 보장할 수 있을까. 사회구조적인 문제가 있다 하여 그 문제 속에 개인의 선택과 책임을 밀어 넣는 것도 안일한 태도일 것이다. 정말 엄마를 지금처럼 지내게 하는 것 외에 다른 방법은 전혀 없는 것일까? 나는 여성들이 주체적이고 적극적으로 문제 해결 방안을 찾기를 원한다. 그래서 다음의 것들을 한번 생각해봐주었으면 한다.

1. 친정엄마의 황혼육아를 당연하게 생각하지 않는다

이 세상에 당연한 것은 없다. 만일 당신의 딸이 아이를 낳으면 당신의 여생을 황혼육아에 바칠 수 있을까? 난 못할 것 같다. 가끔 봐주는 건 모를까 내가 내 손주들의 주양육자가 된다? 다시 또 애를 키운다? 이유식 숟가락을 가지고 쫓아다니고, 잠 못 들며 목청껏 우는 아이를 업고 달래려 비오는 밤에 아파트 단지를 돈다? 아, 정말 '노땡큐'다. 아무리 귀여워도 가끔 봐야 귀엽다. 그러니 친정엄마가 손주들을 책임지고 봐주는 일은 감사한 일이지 결코 당연한 일이 아니다. 그러니 육아 부탁도 정중하게, 최소한의 거리를 두고, 감사한 마음으로 하자.

아이 찾아갈 때 시간 약속을 잘 지키고, 형편에 맞게 돈도 드리자. 가끔 친정엄마가 돈 얘기를 하면 서운하다는 딸들을 보게 된다. 마음이야 그럴 수 있겠지만 엄마 또한 자신의 노동과 희생에 대한 보상심리를 가지는 것은 매우 당연한 일이다. 엄마는 무급인턴 혹은 자원봉사자가 아니기 때문이다. 양육에 있어서도 친정엄마는 어디까지나 조력자일 뿐 부부가 공동의 책임자여야 한다. 피곤하다는 이유만으로 방관자가 되어서는 안 된다. 엄마는 평생이 피곤하다. 엄마보다는 남편에게 아이를 안기자.

chapter 2 조율: 서로를 홀로 서게 하는 적정거리

2. 냉장고와 식생활에 대한 주권과 책임은 부부에게 있다

엄마도 엄마 집이 있고 엄마 냉장고가 있다. 우리 집 냉장고는 부부가 파악하고 책임지자. 그래야 엄마도 자리를 찾아가며 과기능을 멈춘다. 집안일을 공정히 배분하려면 부부가 하는 일을 늘려가야 한다. 집안일에서 남편을 소외시키지 말자. 남편이 집안일을 자기 일로 여기지 않는 스타일이라면 근력 있게 남편과 대치해야 할 필요도 있다. 때로는 심각한 부부싸움을 하게 될 것이고, 때로는 아주 긴 냉전의 시간을 거쳐야 할지 모른다. 하지만 포기하지 말자. 미처 계몽되지 않았던 남편들이 깨어날수록 사회의 변화 속도 또한 점점 빨라질 것이다. 그날을 위해 남편에게 주인의식을 꽉꽉 심어주어야 한다.

일을 분배했다면 답답해도 절대 대신하지 말 것이며, 절대로 집안일에 대해 서로 '도와준다'라는 표현을 쓰지 말자. 언어는 존재의 집이라고 했다. 집안일에 대해 서로 '도와줄까? 도와줄래?' 이런 표현을 쓰게 되면 공정한 주체성을 가지기 어렵다.

필요하다면 그리고 가능한 상황이라면 청소는 엄마가 아닌 업체의 도움을 받는 것도 좋다. 그리고 살림 가전이 아주 잘 나와 있다. 건조기, 식기세척기, 음식물 쓰레기 처리기, 로봇청소기…. 살림을 돕는 가전이 늘어갈수록 부부의 행복지수도 올라간다. 경제적인 상황이 허락하는 대로 살림가전들을 영입하라. 돈을 아끼는 것만이 답이 아니다. 윤택한 관계를 위해서는 지출이 필요하다.

한 사람이 어른으로 독립하는 과정은 참 어렵다. 하지만 독립을 해야 진정한 어른이 된다. 나는 딸인 당신이 자신의 몫을 감당하는 진정한 어른의 삶을 살아가길 바란다. 그리고 엄마도 엄마 자신의 삶을 잘 살아갈 수 있도록 돕기 바란다. 좋은 엄마란 스스로 여성으로서의 존재감, 정체성, 자부심이 확실한 사람이다. 이는 엄마 혼자의 힘으로는 안 된다. 딸인 당신과 다른 가족들이 함께 엄마의 존재감을 찾아갈 수 있도록 도와주면 좋겠다. 희생만 하다 엄마의 인생이 끝나지 않도록. 미 대륙의 원주민 부족들이 가지고 있었다는 엄마에 대한 역할상이 개인적으로 매우 인상적이었다.

미 대륙에 사는 여러 원주민 부족은 엄마의 역할을 우리와는 다르게 본다. 그곳의 원칙은 이렇다. "넌 자식이 필요로 할 때까지만 엄마야. 아이가 자라면 엄마의 의무에서 해방될 거야. 육아도 아이의 요구에도 끝이 있지. 아이가 자라면 알아서 잘 살 테니 엄마 자식 관계도 끝나는 거야." 이런 생각을 낳은 기

chapter 2 조율: 서로를 홀로 서게 하는 적정거리

본 이념은 이렇다. 당신은 먼저 인간이고 그다음이 여자이며, 그다음이 엄마다. 아이가 혼자 살아갈 수 있는 시간이 오면 엄마는 다시 원래의 자리로 돌아간다.

클라우디아 하르만, 《엄마와 딸의 심리학》, p.32, 현대지성

엄마가 엄마에서 다시 여자 그리고 다시 인간으로 돌아가서 생을 마무리할 수 있도록 돕자. 엄마가 좋은 데 가서, 좋은 거 보고, 좋은 거 먹을 수 있는 날들은 당신의 날들보다 짧다. 엄마에게 남은 시간은 그리 길지 않다. 더 이상 엄마를 과하게 소비하며 붙잡고 있지 말자. 적당히 하자. 당신이 먼저 손을 놓아야 엄마도 겨우 그 손을 놓는다. 엄마의 남은 나날은 당신 집 냉장고나 끝없이 대신 정리해주고 있기엔 너무 아까운 시간이다. 엄마의 남은 시간은 반드시 지금까지보다는 더욱 빛나고 찬란해야 할 것이다. 육아에 대한 해답은 정말 엄마뿐일까? 이 사회와 함께 당신도 당신의 답을 찾아 나서야 할 필요가 있다.

Chapter 3

독립
: 엄마를 넘어선 나다움을 찾아

솔직히 딸이 더 만만하니까

필요하기는 했지만 아직 이불을 살 계획은 없었다.

"엄마가 이불 사다놨어."

"응? 갑자기? 무슨 이불? 어… 꽃무늬네? 아, 진짜 나 꽃무늬 안 해, 싫다고 몇 번을 말해? 내가 결혼해서 쓸 이불을 왜 엄마 맘대로 사?"

"복에 겨워서 아주 그냥…. 야, 네가 면을 알아? 어디서 모양만 예쁘지 세탁기 한 번 돌리면 보풀 나서 덮지도 못할 거, 거적때기 같은 것만 사가지고 들어오면서…. 고마운 줄이나 알아!"

"아, 진짜! 그릇도 엄마 맘대로 샀잖아. 내가 봐둔 다른 거 있었는데!"

"그래서? 그거 네 돈으로 샀어? 내 돈으로 샀지. 아주 그냥 사줘도 난리야. 다 나중에 엄마 죽고 나면 '아이고, 어머니 고맙습니다!' 하고 무덤에다 대고 절이나 하지 말아."

"엄마!! 왜 엄마는 왜 만날 엄마 맘대로 해? 내 결혼인데 왜 다 엄마 맘대로 사냐고!"

"야! 길 가는 사람 열을 붙잡고 물어봐. 누가 고른 살림살이가 더 나은가. 엄마 눈이 정확하다고 사람들이 다 그러지. 네 친구들이나 네가 고른 거 이쁘다 그러지, 살림해본 적들도 없으니 뭘 알아?"

이렇게 호텔식 침구 세트, 북유럽풍의 그릇 세트는 한여름 밤의 꿈처럼 사라져간다. 웬만한 엄마들에게 딸들과의 경계선이란 존재하지 않는다. 존재한다고 해도 희미한 점선 정도? 엄마가 꽃무늬 이불을 원하면 딸은 꽃을 덮고 잠들 수밖에 없다. 엄마의 휴대전화에 꽃 사진이 가득한 만큼이나 내 살림살이는 꽃밭이 되어간다. 꽃향기에 숨이 막힐 지경이다. 보다 보니 적응도 되고 원래 뭐, 꽃이란 예쁜 거니까. 그런데 그 예쁘다는 꽃도 누군가의 집, 북유럽풍 인테리어를 볼 때면 '저건데…' 하는 마음의 소리로 돌아온다. 스트라이프, 무지, 호텔식 화이트 침구는 이제 우리 집엔 발길을 들여놓을 수 없다. 엄마가 꽃이라면 꽃인 거다. 엄마가 잡채가 안 상했다면 안 상한 거다.

chapter 3 독립: 엄마를 넘어선 나다움을 찾아

엄마의 이런 자기 확신은 '허위 합의 효과False-consensus effect'라고 볼 수 있다. 이는 자기의 생각이나 감정이 맞다고 밀어붙이기 위해 자신의 생각에 동의하는 사람이 많은 것이라고 믿고 착각하는 현상이다. 부부 싸움에서도 이러한 허위 합의 효과가 많이 일어난다.

"길 가는 사람 열을 붙잡고 물어봐! 결혼 생활 20년에 아내 생일 안 까먹어본 남자가 있나."

한 번도 안 까먹은 남자가 있을 수 있는데도 '다 그래. 나만 이런 거 아니야. 너만 모르는 거야!'라고 주장하는 경우가 그렇다.

아무튼 엄마는 딸에게 허위 합의 효과를 사용하면서 딸의 감정을 통제하고 의견을 묵살하며 경계선을 침범한다. 경계선을 무시당한 딸은 화가 나고 억울하지만 기운찬 엄마를 이기기 쉽지 않다. 엄마들은 절대 만만한 존재가 아니니 말이다.

중학교 1학년 때, 매우 아끼던 니트 티셔츠가 있었다. 세로로 스트라이프 무늬가 있는, 꼭 내 취향이었던 그 니트를, 엄마는 무척 싫어했다. 안 그래도 작은 내 키가 더 작고 뚱뚱해 보인다는 것이다. 엄마는 다른 사람들 눈에도 그렇게 보일 것이 분명하다고 생각하며 강력하게 그 옷을 못 입게 했다. 어느 날 학교를 다녀오는데, 세상에! 집 앞 쓰레기통에 그 옷이 버려져 있는 것이 아닌가! 너무 화가 났다. 쓰레기가 묻은 내 소중한 옷을 다시 집으로 가지고 들어오며 분노했다. 그리고 엄마와 한판 거하게 붙었다. 하지만 다음 날 또 그 옷이 쓰레기통에 버려져 있었다. 나는 열불을 내며 다시 그 옷을 가지고 들어왔다. 그리고 엄마와 또 한판 했다. 그리고 그다음 날 학교에 다녀오는데 또 그 옷이 쓰레기통에 버려져 있었고, 이번에는 옷 위에 김치찌개가 부어져 있었다. 나는 너무 화가 나서 울음을 터뜨렸고 동시에 무기력해지는 걸 느꼈다. 14세의 소녀는 엄마를 이길 수 없었다.

엄마의 의도야 딸을 챙겨주고 싶고, 다 잘되게 하고 싶은 마음이겠지만, 엄마가 이런 식으로 강력하게 경계선을 허물고 들어오며 허위 합의 효과를 사용하면 딸은 그만 무력해지고 만다. '우리 엄마는 정말 못 말려~' 하며 희화화하고 넘어갈 수도 있겠으나, 그렇다고 해도 이 역시 딸의 내적 절망감과 무력감을 드러내는 말이다. 그렇게 경계선을 침범당한 딸들은 자신도 다시 자녀의 경계선을 침범하는 실수를 반복하게 된다.

chapter 3 독립: 엄마를 넘어선 나다움을 찾아

민방위 훈련대장 엄마에서 벗어나라

"먹어, 입맛 없어도 그냥 먹으라고. 뭐가 먹기 싫어. 아침엔 밥을 꼭 먹어야 되는 거야"

식사 메뉴에 대한 아이의 결정권이 없다. 정작 엄마 자신은 영 입맛이 없다며 커피 한잔으로 속을 달래면서, 아침부터 먹는 느끼한 볶음밥을 거부하는 아이에게 몸에 좋은 게 다 들어 있는 천상의 맛, 영양 가득 볶음밥을 거부할 권리는 존재하지 않는다. 아이도 나름대로 하고 싶은 일이 있는 오후, 엄마는 갑자기 예고 없이 "마트 가게 점퍼 입어!"를 외치며 민방위 훈련하듯 집을 나선다. 아이가 아껴 쓰는 몽당색연필인데 새 학기라는 이유로 맘대로 청소를 하는 엄마 때문에 쓰레기통으로 들어가버린다.

이런 일들이 반복되면 우리가 그랬듯이 아이들도 무력감과 분노를 느낀다. 아이는 쉽사리 감정을 처리하지 못하고 그저 오랜 무력감을 한 번 더 저장할 뿐이다. 아이가 독립적인 인간으로 성장하도록 돕는 것이 부모의 역할이다. 아이의 경계선, 결정권을 지켜주는 일은 아이가 성인이 되었을 때 자기 자신을 잃지 않고 살아갈 수 있게 해준다. 그러므로 제발 상냥한 폭군이 되어 모든 것을 제 맘대로 하지 말자. 부디 경계선을 지켜주는 엄마이면 좋겠다. 그러려면 우선 결정의 주인이어야 할 아이에게 이렇게 물어보자.

"이 몽당색연필들은 너무 짧아져서 쓰기 불편할 것 같은데 이제 버릴까?"
"볶음밥하고 라면 중에 선택해볼래?"
"이따 4시에 마트 가려고 해. 같이 갈 수 있어?"
"난 꽃무늬가 너무 예뻐. 꽃밭에서 자는 거 같잖아. 근데 넌 영 아니라는 거지?"

이런 질문들이 서로의 경계를 지켜준다. 친밀감이란 공유와 밀착만 가지고 형성할 수 있는 것이 아니라 공유와 경계선이 균형 있게 지켜질 때 형성될 수 있다. 경계선을 무너뜨리며 딸을 통제하는 방식은 내 어머니가 그녀의 어머니에게, 또 그 어머니가 그녀의 어머니에게 물려받은 정신적인 유물과도 같은 것이다. 그러므로 이 대물림을 종식하기 위해서는 인식하고 질문하며, 질문에 대한 답변을 존중하는 것에서 시작해야 한다. 그러지 않는 한 경계선 침범은 계속될 수밖에 없다.

경계선 침범은 엄마 맘대로 딸과 자신의 관계를 재정의하면서 발생한다. 사람들이 "어쩜 이렇게 딸이 효녀냐, 딸이랑 무슨 얘길 그렇게 재미있게 하냐?"라고 말하면 엄마는 "얘는 친구 같은 딸이에요"라고 말한다. 딸이 갑자기 친구가 된다. 그렇다고 또 엄마한테 버릇없이 굴었다가는 "내가 니 친구냐?"라는 핀잔과 화가 돌아온다. '친구 같은 딸'과 '내가 니 친구냐?' 이 둘 사이의 간극을 딸은 어떻게 메울 수 있을까? 이런 현상은 보통 엄마가 자신의 다양한 욕구를 모두 딸을 통해 채우려고 시도할 때 일어난다.

  인간에게는 인간관계에 대한 다양한 욕구가 있다. 애정도 필요하고, 우정도 필요하고, 사회적인 자기유능감이나 효능감도 필요하다. 인간은 다양한 욕구를 다양한 인간관계와 환경을 경험하면서 채워야 하는데, 아빠와도 사이가 소원하고, 아들은 좋지만 조금은 어렵고, 또 생활반경은 동네 끝에서부터 끝이 전부이다 보니 엄마들은 이 모든 관계에 대한 욕구를 가장 만만한 딸에게서 채운다. 그러니 딸은 마치 역할놀이를 하는 것처럼 엄마 곁에 머문다. 월요일엔 친구처럼, 화요일엔 심청이처럼, 아빠와 갈등하는 엄마 옆에서는 상담사처럼, 엄마가 부드러운 갈비를 먹고 싶을 때는 친구처럼, 엄마 마음에 안 드는 옷을 사 입고 들어오면 한참 모자란 백성이 되어 역할놀이 대혼란 파티를 365일 벌인다. 확실히 하자. 경계선은 지켜져야 한다. 침범당하지도 침범하지도 말아야 할 딸은 딸이고, 친구는 친구다. 엄마가 또 당신을 친구와 딸 사이에서 저글링하거든 한 말씀 올리자.

"엄마, 내가 왜 엄마 친구야. 나 친구 있어. 엄마도 친구 있잖아. 나는 딸이야. 엄마는 엄마고. 친구는 아닌 거야."

같은 맥락에서 엄마들을 좀 더 넓은 인간관계와 경험의 반경으로 보내드릴 필요도 있다. 엄마의 관절이 걱정되겠지만 기회가 되는 대로 멀리멀리 보내드리자. 줌바를 하시겠다고 해도 말리지 말아야 한다. 엄마를 바꾸기는 어렵지만, 이런 다양한 환경으로 엄마를 보내면서 엄마 스스로 성장하고 변화하게 도울 수 있다. 또한 엄마를 바꾸기는 어렵지만 내 자녀들에게는 경계선을 지켜주는 엄마, 내 엄마와는 다른 엄마가 될 수는 있다.

어쩌면 엄마는 딸의 말을 듣고 "넌 배운 게 많고 똑똑해서 좋겠구나. 딸 다 소용없다"며 서운해하고 딸이 친구 지위를 거절하는 것에 저항할 수도 있다. 하지만 실망한 엄마의 마음까지 당신이 어쩔 수는 없다. 그건 엄마의 마음이고 엄마의 마음은 엄마의 경계선 안에 있는 것이니까! 잊지 말자. 반복되는 경계선의 침범은 딸을 무력한 인간으로 만드는 지름길이라는 걸.

그래서 나는 이런 엄마들이 너무 멋지다. 아침 어린이

chapter 3 독립: 엄마를 넘어선 나다움을 찾아

집 등굣길, 엘사 공주님이 되어 드레스에 왕관까지 쓰고 모닝 워킹을 하는 딸 뒤에서 '제가 꼭 이 아이의 엄마는 아닐 수 있습니다. 보세요, 굉장히 애매한 거리에서 떨어져 걷고 있죠?'라는 식의 뉘앙스를 풍기는 엄마. 딸과 적당한 거리를 둔 보폭으로 딸이 선택한 패션에 동의할 수 없음을 표현하지만 그래도 결국은 딸의 패션 감각을 존중해주는 엄마…. 경계선이란 그런 것이다. 각자의 몫은 모두 각자의 몫으로 셈해야 한다. 부끄러움은 너의 몫, 꽃밭은 나의 몫….

엄마도 엄마가 처음이라

　첫 사랑, 첫 키스, 첫 직장…. 모든 사람은 '처음'에 대한 추억과 회한을 가지고 있는 것 같다. 넷플릭스에서도 첫사랑에 대한 콘텐츠는 언제나 인기리에 소비되고 있다고 하니 처음은 많은 사람들에게 아련한 그 무엇임이 분명한 것 같다.
　내가 생각하는 '처음'은 설렘이고, 전심이고, 진심이며, 열정이고, 미숙 그리고 미완이다. 처음은 잘 잊히지 않고 개인의 서사에 영원히 새겨지는 순간들이다. 다시는 그런 설렘과 열정이 없다는 것이 아쉽기 그지없지만, 이젠 처음 같은 미숙함이 더 이상 없다는 사실에 안도한다. 또한 사람들은 누구나 처음에 대한 경험이 있는 까닭에 자신을 비롯해서 다른 사람들이 겪는 처음에 매우 너그럽다. 사람들은 미숙한 처음을 경험하고 자신을 탓하는 이들에게 이런 위로를

chapter 3 독립: 엄마를 넘어선 나다움을 찾아

전한다.

"처음엔 다 그래. 누가 처음부터 잘해. 처음엔 다 망하면서 배우는 거야."

그런데 이러한 너그러움에도 예외가 있다. 바로 '엄마가 처음인 것'에 대해서다. 격려와 위로의 말을 하는 척하다간 곧 뒤에 다른 말이 붙는다. "그래도 엄마가 됐으니 적응해야지", "그래도 이제 엄만데 그러면 안 되지…", "그래도 이제 엄마가 됐는데…."

사람들에게는 엄마에 대한 환상적인 매뉴얼이 있는 것이 분명하다. 팔뚝에 문신을 한 엄마를 보면 한번 뒤돌아본다. 엄마에 대한 어떤 확실한 상像 같은 것이 있는 게 확실하다. 한석봉 어머니 때문일까, 신사임당 때문일까. 이제 갓 엄마가 된 이들은 이 있는 듯 없는 '엄마다운' 대상들과 비교를 당한다. 처음이지만 반드시 잘해내기를 강요받는다. 물론 아이를 낳았으니 책임지고 잘 키워야 하는 의무가 주어져 있기는 하다. 하지만 문제는 '잘'의 기준이다. 육아에 있어서 다양성이 인정되지 않기에, 엄마들 스스로 자신을 탓하며 죄책감을 느낀다.

생각해보자. 어느 날 아기가 왔다. 그러더니 사람들이 하루아침에 나를 '○○○ 엄마!'라고 부른다. 아기가 온 지

하루 만에 여자의 신분은 엄마로 바뀌고, 엄마가 된 여자는 반드시 모든 걸 '엄마로서' 잘 해나가야만 한다. 목욕도 척척, 이유식도 척척, 유모차 밀기도 척척, 아이 훈육도 척척, 밤에 재우는 것도 척척, 아기띠 매기도 척척, 분노 조절도 척척.

친구들은 멀어져가고 새로 생긴 신분에 맞춰 수행해야 할 임무는 늘어난다. 겉에서 보면 모두가 척척 잘 해나가고 있는 것처럼 보이지만 실은 대부분의 엄마가 자신이 엄마로서 부족하고 좋은 엄마가 아니라고 느낀다. 시간이 흘러 아이들이 크고, 둘째 혹은 셋째도 생기며 누구누구 엄마라고 불리는 것이 전혀 어색하지 않은 시점을 맞이하게 되지만 그렇다 하더라도 문득문득 '내가 과연 좋은 엄마가 맞나' 하고 암초에 걸리듯 쾅 하고 떠오르는 생각을 완벽히 떨쳐낼 수는 없다.

나는 내가 바깥일을 많이 하는 것에 대해 아이에게 죄책감을 많이 가지는 편은 아니다. 처음에는 좀 힘들었지만 워킹맘으로서의 사회적 가치를 스스로 인정하면서 죄책감을 많이 벗어던졌다(내가 너에게 해주는 좋은 것들이 얼마나 많은데! 넌 나로 인해 아주 균형 잡힌 여성관을 가지게 될 것이고, 남자도 집안일을 하는 것을 당연하게 여기게 될 것이다. 고로 네가 결혼을 선택한다면 너의 결혼생활은 엄마에게서 획득한 경험치로 인해 행복해질 가

chapter 3 독립: 엄마를 넘어선 나다움을 찾아

능성이 매우 높다. 하하하!).

하지만 여전히 내게도 아킬레스건이 남아 있으니 바로 성질 다스리기이다. '발끈병'이 쉬 다스려지지 않는다. 어느 날 아들이 말했다. 자기가 요즘 유튜브에서 엄마의 강의를 쭉 보고 있는데, 엄마는 여전히 화가 나는 것에 대한 감정 처리를 잘하지 못하는 것 같단다. 그러니 엄마 스스로 자신의 강의를 좀 보면서 배우는 게 좋겠다는 것 아닌가(이렇게 훅을 날리다니. 휴대전화를 압수할까? 아님 유튜브 금지령? 쩝, 그래. 인정하고 받아들이자).

한편 이런 생각이 든다. 엄마를 해보는 건 이번이 처음인데 뭐, 이 정도면 선방 아닌가. 잘하고 있다. 충분히. 그리고 기억한다. 아이가 태어나고 40일경, 내기 이 작고 작은 생명체의 엄마라는 사실 그리고 아기는 나만을 원하는데 너무도 준비되지 않은 엄마라는 데 대한 자각에서 엄습해오는 막막함과 두려움. 꼬물대는 아기를 바라보며 내 마음이 얼마나 큰 두려움과 부담으로 요동쳤는지 모른다. 도대체 무엇을 어떻게 해야 할지 알 수도 없고, 너무도 막막해서 곧 울음이 터질 것 같았다.

이처럼 던져지듯이 엄마가 된 여성들은 모두 '진짜' 엄마가 되어가는 과정을 거친다. 태어나 한 번도 엄마였던 적이 없는 그녀들은 배운 적 없는 '좋은 엄마 되기 프로젝트'를 진행하면서 '나는 엄마 자격이 없어'라고 느끼는 혼란의 시기를 겪는다. 많은 엄마들이 본인들이 느꼈던 그리고 지금도 느끼고 있는 혼란에 대해 공유해주었다. 이제 그녀들의 이니셜과 함께 그녀들이 스스로 논한 자격 없음의 순간을 아래와 같이 기록해본다.

H: 거의 매 순간이죠. 열 받아서 애 마음은 안 받아주고 계속 고칠 것만 좔좔좔 쏘아대고 있는 나를 볼 때, 뭔가 이건 아닌 걸 알면서도 자꾸 내 생각을 아이에게 강요하게 될 때 특히 엄마 자격이 없다고 느껴요. 피자 같이 시켜 먹을 땐 내가 제일 예쁘게 생긴 모양 먹고 싶고. '어머님은 짜장면이 싫다고 하셨어'라고 했는데 저는 안 그럴 때.

L: 미친년처럼 소리 지르며 혼냈는데 나중에 알고 보니 애한테 사정이 있었을 때, 완전히 혼내놓고 나의 분노를 정당화하기 위해 또 설명 아닌 변명을 늘어놓으며 2차 잔소리 폭격을 할 때. 그리고 제가 배 안 고프면 밥 늦게 주고, 숙제 시켜놓고 나는 텔레비전 보면서 좋아할 때, '내가 이러고도 엄만가?' 이런 생각이 들어요.

chapter 3 독립: 엄마를 넘어선 나다움을 찾아

J: 저는 제가 라면 더 많이 먹으려고 애들한테 이제 그만 먹으라고 할 때?

S: 전 결혼을 일찍 했는데 첫째 낳고 남편 퇴근하면 애기 맡겨 놓고 놀러 나갔을 때, 남편이 어린 엄마인 저를 배려해주는 것이긴 했는데, 친구들이랑 놀다가 집에 들어가는 길에 '내가 아직 엄마 자격이 없구나…' 그런 생각이 들었어요.

Q: 전 그냥 뭐 수백 번 그런 생각하는데요, '엄마가 되면 안 될 인간이 엄마가 됐다. 이번 생은 망했다' 그런 생각 많이 해요.

E: 저는 배달음식 많이 시켜줄 때? 그리고 아침에 푹 자고 일어났는데 애들이 등교하고 없을 때, 감정조절 실패해서 애들한테 쏟아부었을 때, 남편이랑 싸우고 아이에게 화낼 때, 평소 아이에게 쌓였던 것을 쿨하게 넘기는 척 하다가 다른 걸로 복수할 때? 예를 들면 텔레비전 금지라든지 게임 금지라든지. 그럴 때 제가 엄마 자격이 없다고 느껴요. 아… 너무 많은데요?

너무도 열심히 엄마 노릇을 하고 있는 엄마들의 입에서 나온 말이다. 저런 엄마가 우리 엄마였으면 좋겠다고 생각할 만큼 좋은 엄마들도 자기 자신에 대해서는 엄격한 잣대를 들이대며 잠 못 드는 밤 자신의 부족함을 탓한다.

위의 이야기들에서 보듯이 엄마들은 스스로 엄마 이전에 존재하는 인간으로서 본연의 욕구를 만나는 순간, 그 욕구 앞에서 죄책감을 느끼곤 한다. 우리 안에 있는 '좋은 엄마 상'이란 도대체 어떤 모습인 걸까. 피자나 치킨 보기를 돌같이 하고 무한체력으로 아이들과 놀아주는, 일종의 비인간성을 가진 초월적인 존재를 우리는 좋은 엄마라고 생각하고 있는 것은 아닐까? 생각해보면 식욕도 피곤도 분노도 없는 것은 마네킹이지 살아 있는 인간은 아닌 건데 말이다.

나도 그렇다. 너무 피곤한 날에는 아이와 만화책 읽기로 약속한 것을 기억하면서도 까먹은 척한다거나, 게임에 과도하게 빠져 있는 아이를 말려야 한다는 걸 알면서도 혼자 조용히 보는 드라마가 너무 달콤해서 몸이 움직이지 않을 때, 하루 세 끼를 건조한 밀가루, 튀긴 밀가루, 물에 빠진 밀가루…와 같은 식으로 밀가루를 세 번 연속으로 먹일 때, 일한다고 짐 싸서 나올 때 그리고 가끔 아이랑 뭘 하고 놀아야 하는지 그저 막막할 때 나는 엄마 자격이 없는 것 같다는 생각이 든다.

그런데 과연 이 세상에 완벽한 엄마라는 것이 존재할

까? 많은 엄마들이 연애 시절 결국 이상형을 찾아내지 못해 지금의 남편과 결혼하지 않았는가. 타인에 대한 이상형이 절대 존재할 수 없듯이 엄마다움에 대한 내적인 이상형 또한 이 세상에 존재하지 않는다. 완벽한 인간이 없듯이 완벽한 엄마란 없고, 모든 사람들이 다 각각의 특성을 가지듯이 엄마 역시 다 다르다. 내 친구 중 하나는 손가락마다 문신을 하고 머리는 거의 노랗게 물들이는 '패피(패션 피플fashion people의 줄임말)'이다. 아이 영양제나 학습지 광고에 나오는 엄마의 이미지와는 다르지만, 다를 뿐! 아이들에게 좋은 엄마이고 엄마이기 이전에 자신의 취향을 제대로 알고 구현하는 한 인간인 것이다.

아이들은 많은 것을 바라지 않는다. 아이들은 부서진 인격을 가진 모난 엄마들의 실수를 용서하고 이를 통합하며 성장한다. 아이들은 조건 없이 그냥 엄마를 엄마라서 사랑해주는 존재들이다. 생각해보면 살면서 이렇게 조건 없는 사랑을 받아본 적이 있었나 싶다. 아이들은 그냥 엄마를 엄마라는 이유만으로 좋아하고 원하고 사랑하고 달려와 품에 안긴다. 아이들은 너그럽고 품이 크다. 아이가 나에게 준 사랑이 내가 아이에게 준 사랑보다 크다. 아이에게 받는 사랑은 절대적이고 순수하다.

이렇게 고마운 아이들에게 우리는 두 가지의 보답만 해주면 된다.

첫 번째는 사랑이 담긴 시선이다. 이건 '아침 해 먹이기'보다 훨씬 쉬운 미션이다. 그저 아이를 바라볼 때 잠시라도 집중해서 눈을 마주쳐주고 그 눈에 사랑을 가득 담으면 된다. 미소를 살짝 띠면 완벽 그 자체. 그런데 해보면 알겠지만 3~5초의 이 순간이 결코 짧지가 않다. 낯선 사람이나 소개팅에서 만난 상대와 3~5초간 서로 사랑을 담아 바라본다? 불가능한 일이다. 눈 맞춤은 절대 간단한 행위가 아니기 때문이다.

눈 맞춤은 인간 사이에서 가능한 매우 친밀한 관계의 방식이며 강력한 의사소통 수단이다. 눈은 거절하고, 감추고, 파괴하는 능력을 가지고 있으며 반대로 매혹하고, 연결하며, 창조할 수도 있다. 신체적 측면에서 다른 외부 기관들과 달리 눈은 상대를 매혹하는 특성을 더 많이 가지고 있다. 그리고 이러한 매혹은 본능에 기반한다. 태어난 순간부터 유아는 어머니의 눈에 이끌리며, 어머니는 아기와 눈 맞춤이 일어나도록 반응한다. 이렇게 눈 맞춤이라는 매개체를 통해 경험의 특질과 느낌들이 전달되기 때문에 눈 맞춤이야말로 정신내적 발달과 대인

chapter 3 독립: 엄마를 넘어선 나다움을 찾아

관계적 발달의 주요수단이며 친밀감이 형성되는 지점이기도 하다. 이 때문에 인간의 눈은 진화가 이루어진 수만 년의 세월 동안 방대하고 심오한 원형적 의미를 담게 되었다.

메리 에이어스, 《수치 어린 눈》, p.17, NUN출판그룹

아이의 눈, 어떤 눈으로 바라보고 있는가? 사랑을 담아 집중해서 아이와 눈 맞추기란 생각보다 쉬운 일이 아니다. 약속을 어기고 매일 게임을 달고 사는 아이에게, 동생에게 상욕을 날리는 아이에게, 실은 진즉에 '야동'을 마스터한 아이에게, 숙제란 밀리라고 있는 것이라고 생각하는 아이에게, 엄마가 하는 말은 다 잔소리로 듣고 눈을 부라리는 아이에게, 주구장창 휴대전화만 보는 아이에게 미소 어린 따뜻한 눈 맞춤을 매일 한다? 절대 쉬운 일이 아니다. 하지만 그럼에도 불구하고 우리가 도를 닦는 심정으로 그리고 아이와 함께하는 시간의 본질을 기억하며 매일 한 번씩 눈을 맞추며 사랑을 전한다면 엄마의 눈빛은 분명히 아이에게 강렬한 사랑을 남기고 힘이 되어줄 것이다. 도 닦기가 거실에서 가능하다니 이 얼마나 신박한 일인가.

'에이, 겨우 눈 맞춤 정도로 충분하겠어?'라는 생각이 든다면 반대의 경우를 한번 생각해보자. 아이가 당신이 내린

지령에 대해 아무 말 없이 단지 거만한 눈을 치켜뜨는 것만으로 저항한다면 얼마나 빠른 속도로 분노가 끓어오를 것인지 말이다. 당신의 입에서는 바로 이런 말이 튀어나올 것이다. "이리 와! 이리 오라고!" 어디 이뿐일까? 당신은 아마도 당신을 바라보는 그 남자의 눈빛이 너무도 강렬한 나머지 사랑을 확신하고 덜컥 당신의 마음을 내어주며 이젠 그 인간이 된 그 남자와 결혼했을 것이다. 이처럼 눈빛은 인간관계에서 강력한 의사소통의 수단이 되고도 남는다. 그러니 부디 아이에게 따뜻한 사랑의 눈 맞춤을 아끼지 말자.

또 하나는 무엇을 해주는 엄마가 되기 이전에 아이라는 존재 자체를 받아주고 담아내는 엄마가 되어주는 것이다. 많은 엄마들이 기능하는 것에만 너무 익숙하다. 밥을 해주고, 차를 태워주고. 한글을 가르쳐주느라 피곤하다. 기능하는 것에 에너지를 너무 많이 쓴 나머지 정작 아이 자체를 받아줄 기력이 없다. 아이가 조금이라도 내 예상을 벗어나면 화를 내고 통제하고 비난한다. 그런데 아이들에게 필요한 엄마란 무언가를 꽉꽉 채워주고 때로는 부담스러울 만큼 쏟아붓는 엄마가 아니라 결정적인 순간에 자기를 받아주는 엄마일 것이다.

이런 의미에서 영국의 정신분석학자 월프레드 비온

chapter 3 독립: 엄마를 넘어선 나다움을 찾아

Wilfred Bion은 "부모의 역할은 수용체, 담아주는 그릇이라며 아이들이 자신의 나쁜 것, 버릴 것을 부모에게 퍼부으면 부모는 그것을 받아주는 역할을 해야 한다"라고 했다. 아이들이 시행착오를 겪으며 어떤 모습으로 우리 곁에 존재하고 안기든지 간에 이들을 독촉하고 가르치고 비난하는 것이 아니라, 일단은 그저 안아주고 담아주는 엄마가 수용체로서의 역할을 해내는 훌륭한 엄마다. '눈 맞춤과 담아주기'만으로도 충분히 좋은 엄마가 될 수 있는 것이다.

혼자만의 삶만으로도 버거운데 엄마라는 임무까지 더해서 살아야 하는 많은 엄마들에게 격려와 위로를 전한다. 우린 모두 처음이었다. 당신, 처음치고는 정말 괜찮은 엄마 아닌가?

워킹맘, 모성의 신은 부재 중?

"일하는 엄마라서 미안해."

한 번쯤은 들어보았을 광고 카피이다. 이 말을 달리 해석하자면, '엄마가 너를 낳고 너를 먹여 살리려고 하는데 너를 먹여 살리려는 노동을 하러 나가서 미안해'라고도 해석할 수 있을 것이다. 좀 이상하지 않은가? 나는 아직까지 "일하는 아빠라서 미안해"라는 말은 들어본 적이 없다. 오히려 아버지들의 노동이야말로 가장의 숭고한 희생으로 존경받고 있다. 일하는 아빠는 당연하고 일하는 엄마는 미안한 기현상. 여성의 노동은 누군가에겐 미안한 일이 되고 심지어 여성이 가장이 되어서 일을 한다고 해도 그 가치를 인정받기 어렵다. 그리고 무엇보다 여성 자신도 '미안한' 그 감정을 떨쳐내지 못한다. 아마도 아이에 대한 애정과 책임감 때문일 것이다.

　나도 경험한 바, 아이를 떼어놓고 일터에 나오는 일은 절대 쉽지 않다. 신생아 때는 신생아여서 엄마가 필요하고, 걸음마를 할 때는 걸음마를 해서 엄마가 필요하고, 아플 때는 아파서 엄마가 필요하고, 학령기에는 학령기라서 엄마가 필요하다. 그리고 온 세상이 당신에게 목소리를 낸다. "아이에겐 엄마가 있어야 해!" 하지만 이런 식으로 아이 삶의 모든 순간에는 엄마가 필요하고 아이의 필요를 엄마만이 채울 수 있다는 전제가 생기는 한, 엄마는 절대 아이를 떠날 수 없다. 여성이 아무리 뛰어난 능력을 가졌더라도 이러한 메시지가 사라지지 않는 한 사회는 지속적으로 훌륭한 여성 인재들을 잃어갈 것이다. 아이에게는 엄마만 필요한 것이 아니며 돌봄의 주체가 반드시 엄마여야 하는 것은 아닌데 이러한 사회적 압력이 지속되는 것은 참으로 부당하다.

　사회가 여성에게 주는 압력은 상당히 자연스러운 방식으로 전달된다. 가끔 조찬 강의에 초대받아 이른 시간 강의장을 방문하면 이런 질문을 받는다. 아이는 어쩌고 나오셨냐고. 걱정해주는 마음으로 던진 말이겠지만, 과연 내가 남자 강사였더라도 그런 질문을 받았을까? 아마도 그 수가 절대적으로 적었을 것이다. 심지어 "강사님, 아이는 꼭 둘 이상을 낳아야 한다"며 가족계획에 관한 지도도 심심치 않게 받고 있는 것이 오늘날 우리가 마주한 현실이다.

아이는 어느덧 초등학교 5학년이 되었고 스스로 많은 것을 할 수 있게 되었다. 일을 지속하면서 지금까지 정말 수도 없는 갈등의 순간들이 있었다. 특히 아이가 아플 때는 나 자신에게 비난 담긴 질문을 던지기도 했다. 그러다가 어느 날 생각했다. '내가 무슨 부귀영화를 누리려고 이렇게까지 하는가'라는 생각은 온당치 않다. 이것은 저항해야 할 생각이다. 인간으로 태어나 노동을 하는 것은 당연하다. 누구든 집 안이나 집 밖에서 노동을 한다. 이 당연한 노동을 여자라는 이유로 주저할 이유는 없다. 우리가 노동을 주저하는 이유가 아이라면 그것은 부부가 책임을 나눠야 하는 부분이지 여성이 원하는 노동을 포기할 이유가 되지는 못한다.

일하러 나가는 여성이 유난스러운 것이 아니라, 여성 인력이 일할 수 있는 기회가 상대적으로 적은 이 사회에 문제가 있는 것이다. 여성이 사회에서 일하는 모습은 아주 자연스러워야 하고, 우리 딸들이 미래에 이 너무도 당연한 노동의 권리를 누리게 하기 위해서라도 오늘날의 여성들은 마땅히 자신의 노동을 해야 한다. 자리를 넓혀가야 한다. 이것이 미래의 딸들을 위해 길을 닦는 방법이다. 그러므로 이제부

chapter 3 독립: 엄마를 넘어선 나다움을 찾아

터 '무슨 부귀영화를 누리려고 이렇게까지 하냐'는 바보 같은 질문을 스스로에게 던지는 일은 멈추자. 노동은 당연한 것이고, 사회에서 노동은 남자와 여자 모두가 해야 하는 것이니까.

물론 아기의 생애 최초 6개월은 중요하다. 나 또한 3세까지의 애착을 매우 중요하게 생각하던 때가 있었으나 그간 다양한 새로운 이론들을 접하면서 생각을 좀 달리하게 되었다. 많은 여성들이 밖에서 일하는 것에 있어서 좀 더 자유로운 마음을 얻을 수 있는 데 지지를 보내고 싶다.

> 좋은 환경에서는 사랑과 좌절 그리고 증오스러운 파괴와 회복이 순환된다. 이러한 순환을 통해 유아는 전체 대상과의 관계를 유지하고 자신의 치유능력과 파괴성을 조정하며 보상하는 능력을 발달시킨다.
> **스티븐 미첼, 마거릿 블랙, 《프로이트 이후 현대정신분석학》, p.174, 한국심리치료**

아이들은 이처럼 놀라운 존재다. 우리가 안전한 환경, 즉 따뜻한 집, 맛있는 식사, 재미있는 놀이, 개운하게 씻을 수 있는 환경을 만들어준다는 전제하에 아이들은 엄마를 통합해나가고 스스로 성장하고 살아간다. 엄마가 사라지면 슬프고 실의에 빠지지만 다시 엄마가 나타나면 행복하고 사랑을 확인한다. 이런 반복되는 과정을 통해 아이는 사라지는 엄마와 나타나는 엄마를 통합하고 나쁜 엄마와 좋은 엄마를 통합해나간다. 안전한 환경과 좋은 주양육자 1명이 상주하는 한 아이는 잘못되지 않는다. 주양육자는 아빠일 수도, 할머니 또는 전문 베이비시터일 수도 있다.

하지만 이런 환경을 제공하기 위해서는 부부의 대화와 협의가 중요하다. 현실적으로 맞벌이 부부가 아이를 양육한다는 것은 1년 365일을 테트리스 게임처럼 보내야 한다는 의미이다. 공백이 생기기 전에 메꾸어야 하고 공백을 메꾸는 벽돌의 모양은 변주가 많아 항상 빠른 판단력을 필요로 한다. 여차하면 바로 게임 오버.

맞벌이 부부들에게 응급상황은 꽤 자주 발생한다. 갑자기 아이에게 열이 나는데 시터까지 못 오게 되는 상황이 발생했을 때, 내일 아이의 소풍 도시락을 싸서 보내야 하는데 냉장고가 텅 빈 것을 밤 12시에 알았을 때, 아이의 운동회 날 둘 다 출장이 잡혔을 경우…. 일이 꼬이고 변수가 나타나는 건 일상이다.

그렇기 때문에 맞벌이 상황에서는 부부가 똘똘 뭉쳐 한마음으로 상황을 직시하고 하나씩 문제를 해결하지 않으면 안

chapter 3 독립: 엄마를 넘어선 나다움을 찾아

된다. 부부는 매사 협상하고 타협해야 한다. 부부는 협상 테이블에서 서로의 꿈과 야망을 조금씩 반납하며, 서로의 저질 체력을 측은히 여기며, 합심해서 합리적인 양육환경을 구성해야 한다. 부부는 타협과 협상을 통해 짐을 나눌 수 있다.

- 이번 주말에 당신이 독박육아를 해주면, 중고 자전거를 사는 것에 동의하겠다.
- 이번 주 픽업은 내가 다 할 테니, 대신 그 영화는 반드시 혼자 보고 오겠다.

서로 당근과 채찍을 주고받으며 협상을 계속하는 것이 맞벌이 부부의 운명에 주어진 디폴트값이다. 부부는 장기적으로 공평하다고 느껴야 결혼 생활에 대한 불만을 덜 느낀다. 그런데 많은 부부들이 이런 실수를 저지르곤 한다.

'그냥 내가 하고 만다.'

'말 하는 것도 피곤해. 나 하나 힘들고 말지.'

이런 식으로 지내다 보면 작은 피곤을 피하려다 큰 피곤을 만난다. 인간은 기본적으로 이기적인 존재이기에 일시적으로 과도한 헌신을 행하면 반드시 그에 대한 억울함을 부메랑처럼 돌려받게 된다. 그러니 무리 마시길. 부부 사이에서 한

쪽의 지속적인 무리만큼 안 좋은 것이 없다.

또한 협상의 결과는 반드시 기록으로 남겨야 한다. 메모 애플리케이션 혹은 메시지를 공유할 수 있는 애플리케이션을 사용해 협상의 결과를 기록으로 남긴다. 서로 너무 바쁘고 피곤하기 때문에 구두로 합의한 내용은 곧 잊어버리게 될 확률이 높기 때문이다. 인간의 뇌는 아무리 노력해도 20분 후에는 40퍼센트에 달하는 내용을 기억하지 못한다. 그러니 기록을 남길수록 분쟁은 줄어든다.

- 수요일 유치원 등원: 아빠
- 목요일 저녁 치과: 엄마
- 주말에 꼭 살 것: 아이 실내화와 자전거 헬멧

이렇게 기록을 남겨 공유하면, "어? 내가? 내가 간다고 그랬나? 어떡하지? 나, 오늘 회식인데…" 하는 식의 딴소리는 절대 나올 수 없다.

가족의 정서적 핵심은 부부가 되어야 한다

이 난관을 헤쳐 나가는 데 있어서 부부가 핵심이 되어

야 함을 명심해야 한다. 가족 구성의 기본은 부부이다. 부부가 가족의 정서적인 핵심이 되어야 가정이 균형감 있게 굴러갈 수 있는데 많은 현실적인 문제로 부부가 정서적인 핵심이 되지 못하고 시어머니나 장모님, 또는 기타 가정의 권력자들에게 중심의 자리를 내어주곤 한다. 부부가 가족의 정서적인 핵심에 있다는 것은 그 가정에서 일어나는 모든 일의 결정이 부부가 원하는 대로 이루어지고 그 책임 또한 그 부부가 나누어 지는 것을 의미한다. 죄송하다거나 눈치가 보인다는 이유로 장모님이나 장인어른, 시어머니나 시아버지께 핵심의 자리를 양보했다가는 결국 가족관계가 꼬이는 비극을 경험할 수도 있음을 기억해야 한다.

예를 들면 이제 다섯 살이 된 아이를 피아노 학원에 등록할 것인가 말 것인가 하는 문제를 놓고 두 부부가 경제적인 상황, 아이의 취향, 아이의 시간 활용, 놀이시간 확보 등 등을 고려해 결정을 내리는 것이 일반적이며 바람직하다. 그런데 아이의 주양육을 시어머니나 친정엄마가 담당하고 있다고 하여 부부가 선뜻 자신들의 뜻을 주장하지 못한다면 혼돈이 발생한다. 특히 아이의 주양육자가 되어주시는 친정엄마나 시어머니의 목소리가 매우 크거나 경제력이 아주 좋은 경우, 부부는 가족 내 정서적 핵심으로서의 지위를 상실하기가 더욱 쉬워진다. 하지만 주양육을 하는 것과 아이에 대한 궁극적인 책임을 지는 영역은 엄연히 다른 것임을 기억해야 한다. 이 부분에서 혼란이 생겨서는 안 된다.

부부가 주양육자의 지위를 차지하지 못할 경우 우리 집이지만 우리 집은 아닌, 우리 애들이지만 할머니 할아버지의 눈치를 끝도 없이 보아야 하는 상황이 발생하곤 한다. 아이 배에 바람 한 점 들어가서는 안 된다는 할머니의 투철한 보온 정신이 반영된 아이의 배 바지는 비록 엄마 눈에는 서글퍼 보일 수 있겠으나 주양육자의 취향에 맞추어주는 편이 더 낫다. 하지만 아이의 피아노 학원 등록이나 취침 시간을 정하는 문제는 다른 종류의 이야기다. 생활 습관에 관한 일은 주양육자가 편히 돌볼 수 있게 배려해주는 것이 우선이지만 아이의 가치관이나 가족의 신념과 관련된 문제는 부부가 핵심이 되어 반드시 주도권을 가지고 개입해야 한다. 그리고 결국 이것이 주양육자에게 필요 이상의 짐을 전가하지 않는 태도이기도 하다.

소통을 많이 하다 보면 분란이나 소란이 일어날 가능성이 높아지기도 한다. 하지만 부부가 정서적인 핵심으로서의 지위를 유지하고 있으면 장기적으로 모든 가족이 자신의 자리를 찾아갈 수 있다. 그러니 혼자 끙끙대지 말고 남편을 적극적으로 끌어들여 가족 내 문제 해결의 주체로 만들어야 한다.

　모성은 다양한 형태로 발현될 수 있다. 밥을 해 먹이는 것도 모성이지만, 일을 하며 경험한 사회생활과 인간관계의 에피소드 혹은 노하우를 아이에게 전해주는 것도 모성이다. 앞치마를 두른 엄마와 하이힐을 신은 엄마는 각자 자신의 아이에게 줄 수 있는 것이 따로 있다. 주는 것의 형태는 다를 수 있겠지만 결국 모성에서 비롯된 것임은 다르지 않다. 앞치마를 두른 엄마는 갓 지은 밥으로 아이에게 따뜻한 밥상의 기억을 심어줄 테고, 하이힐을 신은 엄마는 함께 배달음식을 시켜먹으며 외식산업에 대한 썰을 풀어줄 수 있다. 모성은 다양한 형태로 아이에게 전달될 것이다.

　만일 당신이 밖에서 일하는 엄마라면 사회적인 압력에 저항하기 바란다. 우리는 부귀영화를 누리기 위해 유난을 떠는 것이 아니라 먹고 살아야 하니까 치열해지는 것이고, 인간으로서 당연히 해야 할 노동을 하는 것뿐이다. 그러니 미안한 마음 따위는 그만 접기 바란다. 당신의 모성은 오늘도 당신의 하이힐에 담겨 만원 지하철을 달리고 있으니까.

분노, 그 아래 존재하는 진짜 감정

　어느 날 아이가 말했다. 엄마가 일주일 전부터 예민하고 이상하다고. 화낼 일과 타이를 일이 있는데, 엄마는 타이를 일도 화를 내면서 이야기를 하니 너무 서운하고 마음이 힘들다며 울었다. 항상 친절한 엄마가 좋은 엄마는 아니라고 생각하지만 요즘은 엄마가 타이를 일도 혼을 냈기 때문에 이런 이야기를 하게 됐다고. 그리고 저녁에 혼자 '치카'를 하면서 생각했단다. '내가 뭔가를 많이 잘못하고 있나…?' 그런데 자기 생각에는 이렇게 자꾸 혼날 만큼 잘못을 하고 있는 것 같지는 않단다. 그래서 혼이 나는 게 더욱 서운하고 자꾸 눈물이 흘러서 이런 말을 하게 됐다는 것이다.
　어리다고만 생각한 아이의 입에서 나오는 말들에 허를 찔리고 민망했다. 아… 이 얼마나 미안한 이야기인가. 나는

chapter 3 독립: 엄마를 넘어선 나다움을 찾아

그렇게 아이에게 참교육을 받고 내 미성숙을 사과했다. 도대체 아이들이라는 존재는 어디서부터 어디까지 세상의 진실을 알고 있는 걸까? 가끔 인생 2회차를 살고 있는 것 같은 아이들은 단지 소리 내 말하지 않을 뿐 엄마들의 상태에 대해 가장 많은 진실을 알고 있는 프로파일러들이다.

    그날 아이의 이야기를 듣고 생각해보니 그랬다. 나는 타이를 일도 화를 내고, 피곤해도 화를 내고, 억울해도 화를 내고, 배고파도 화를 내는 경향이 있었다. 힘들면 힘들다, 피곤하면 피곤하다, 배고프면 배가 고프다고 말을 하면 되는데 나는 그런 말을 하는 대신 화를 내거나 트집을 잡거나 짜증을 내는 방식을 많이 택했다. 생각해볼 지점이었다. 많은 엄마들이 힘들거나 피곤할 때, '힘들다', '피곤하다'는 말 대신에 화를 내거나 짜증을 내는 경험을 해보았으리라고 생각한다. 정말 해야 할 말, 핵심을 전하는 대신 짜증과 화를 내는 것이다.

    "나 오늘 점심도 못 먹었어. 지금 쓰러질 것 같아. 일단 컵라면이라도 먹고 나서 얘기하자." (○)

    라고 말하는 대신에,

"뭐? 통신문? 그걸 어디 뒀는지 내가 어떻게 알아? 내가 뭐, 이 집 집사야? 어우 속 터져~! 식탁은 이게 또 뭐야? 먹은 그릇은 싱크대에 넣으라고 했지!"(×)

라고 말한다. 이때 실제로 전하고 싶은 마음은 '아…. 배고파 죽겠는데 내 사정을 알아주는 사람은 없어'이다.

"여보, 나 막내 열나서 사흘째 잠도 못 잤어. 거기다 생리까지 시작했어. 너무 피곤해. 3시간만 잘게."(○)

대신에,

"아니, 청소기 민 지 2시간밖에 안 됐는데 이게 다 뭐야? 당신은 이 먼지들이 진짜 눈에 안 보여? 노안 왔니? 하… 지겹다, 진짜. 그리고 너희들 정리 제대로 안 할래? 장난감 싹 다 갖다 버릴 줄 알아!"(×)

라고 한다. 하지만 전하고 싶은 실제 마음은 '난 너무 피곤해. 나도 돌봄과 배려가 필요한 시점이라고!'이다.
왜 엄마는 진짜 자신의 상태를 말로 표현하지 못하고 짜

chapter 3 독립: 엄마를 넘어선 나다움을 찾아

증과 화를 낼까? 그 유명한 화병火病 이야기를 잠시 해보자. 내가 이 병에 대해 가장 큰 충격을 받았던 부분은 화병이 파리나 뉴욕에서 성장한 사람들은 쉽게 걸리지 않는, 한국 고유의 국지적인 토속병이라는 사실이었다. 화병은 분노증후군, 즉 부정적인 감정을 제때 잘 표현하지 못해 생기는 심리적인 질병으로서, 주로 한국 여성들에게 발병하는 질환이다. 그래서 누군가는 우리 민족을 '화병의 민족'이라는 불명예스러운 이름으로 부르기도 한다.

개인의 심리나 정서 상태를 살펴보기 위해서는 개인을 둘러싸고 있는 주변 환경과 맥락을 살펴보아야 할 필요가 있다. 개인의 문제는 개인이 속한 문화와 역사, 집단을 떠나서 단독으로 존재하지는 않기 때문이다. 그러니까 최니는 김징을 표현하는 것에 있어 미숙하고 공격적이거나 억압적인 경향을 지닌 엄마가 있다고 할 때 그 원인을 파악하려면 개인의 성향과 성장 과정, 인생의 중요한 사건들을 살펴보아야겠지만, 한 인간이 성장하고 처한 거대한 배경이자 맥락인 사회적·문화적 특수성을 배제할 수 없다는 것이다.

그렇기 때문에 화병이라는 특수성을 가진 민족의 딸이자 엄마들이 부정적인 감정을 잘 표현하기란 퍽 어려운 일이다. 모든 민족은 정신적인 유산을 물려받는다. 몇 년 전

1930년대를 살았던 한 아프리카 화가의 화집을 보게 되었다. 그 책에 이런 이야기가 나온다. 그 당시 유럽기자 한 명이 아프리카의 부족을 취재하러 갔다. 기자가 관찰해보니 그 부족은 하루의 노동이 끝나면, 밤에 다시 모여 춤을 추고 노래하며 시간을 보냈다. 유럽 기자의 눈에 이러한 부족의 행위는 매우 손실적이고 비합리적인 행위로 보였다. 그래서 기자가 부족에게 묻는다. "당신들은 온종일 너무도 피곤한 육체노동을 하고도 왜 밤이 되면 얼른 자지 않고 춤추고 노래를 부르는 데 남은 기운을 다 빼는가" 하고 말이다(유럽 기자다운 질문이다). 이 질문에 부족 중 한 명이 이런 대답을 한다. "물론 몸은 힘들다. 하지만 우리는 이렇게 함께 모여서 춤을 추고 노래하면서 또 내일을 살아갈 힘을 얻는다."[*]

우리나라의 정신적 유산은 이 아프리카 부족의 정신적 유산과는 정확히 반대편에 서 있다. 우리는 표현하지 않는 민족이다. 체면을 차려야 하는 양반 문화의 영향으로 많은 감정을 고이 접어 넣고 살았다. 특히 부정적인 감정을 표현하는 것이 쉽게 허락되지 않았다. 남자에게는 딱 세 번만 울

---

[*] 정해광, 《아프리카 미술 팅가팅가》, 미술세계

chapter 3 독립: 엄마를 넘어선 나다움을 찾아

기를 권유했고, 여자에게는 아예 울음 자체가 허락되지 않았다. 여자가 울면 집안이 망하기 때문이다. 대신 여성들에게는 5~6월에 서리를 내리게 할 수 있는 놀라운 능력을 창출하는 '한恨'을 품는 것이 허락되었다. 이러한 정신적 유산이 세대에 세대를 거쳐 우리에게까지 내려왔다. 그러다 보니 웬만한 부정적 감정들, 소외감, 피로감, 우울감, 슬픔, 이런 것들은 적당히 억압되거나 혹은 명료하게 인지되지 않은 채 그냥 화나 짜증으로 표출되어버린다. 압력솥에서 김이 빠져나오는 것처럼 말이다.

이런 놀라운 유산을 물려받은 환경에서 자신의 화나 슬픔을 너무도 잘 표현하고 소화할 수 있다면 도리어 그런 사람이 희소한 존재일 것이다. 그러니 우리 모두 너무 자신을 탓하지는 말자. 안 그래도 말 못하는 자신의 가슴에 스스로 비수를 꽂을 필요는 없으니까. 이제부터라도 민족의 정기를 거스르며 잘 배우고 새 역사를 써가면 되는 것이다.

게다가 불리한 점은 이것뿐이 아니다. 부정적인 감정 표현을 표현하는 데 있어 전 지구적으로 여성이라는 존재만큼 불리한 족속이 또 없다. 어느 날 서점에서 이 책을 발견했는데 구입을 결정하는 데 5초가 채 걸리지 않았다. 제목을 너무 잘 지었다고 생각하며 바로 샀다.

> 우리는 분노를 표현하기에는 이미 교육받은 것이 너무 많다. 화를 내면 다른 이들에게 거절당할까 봐 두렵기도 하고, 스스로도 변화해야 한다는 데 부담감을 느낀다. 화를 참고 억누르려고 자신에게 이렇게 물을지도 모른다. '과연 내가 화를 내는 것이 타당할까?' (중략) 분노는 우리가 느끼는 중요한 감정이다. 분노를 느끼는 데는 다 그럴 만한 이유가 존재하기 때문에 늘 관심을 기울이고 존중할 가치가 있다. 우리는 '모든 것'을 느낄 자격이 있고, 분노 또한 거기에서 예외일 수 없다.
>
> **헤리엇 러너, 《무엇이 여자를 분노하게 만드는가》, pp. 22~23, 부키**

이와 같이 여성들은 화가 나는 감정을 배우고 인정하고 표현하는 것에 익숙하지가 않다. 그래서 때때로 용솟음치는 분노라는 감정이 찾아오면 그것은 불청객이 된다. 그리하여 분노라는 감정은 어렵고 나쁜 것이며 그저 괴롭고 힘든 것이 되고, 혹여 불같이 화라도 내게 되면 이내 그 분노보다 더 강한 죄책감에 휩싸이고 만다. 그도 그럴 것이 다루는 것을 배워본 적 없는 분노는 칼이 되어 소중한 사람들을 찌르기 때문이다.

하지만 우리의 엄마들은 화병을 가진 민족의 딸들로 태어나 분노를 인정하고 이를 다루고 표현하는 방법을 배우지

chapter 3 독립: 엄마를 넘어선 나다움을 찾아

못했기에 자신의 딸들에게도 그 방법을 알려주지 못했다. 그러니 이제라도 우리 스스로 자기주도학습을 통해 답을 찾아가는 수밖에.

1. 분노를 자연스러운 감정으로 받아들이자

화를 비인격적으로 내는 것은 잘못된 일이지만, 화가 나거나 분노하게 되는 감정 자체는 절대로 잘못된 것이 아니다. 사람들은 흔히 "야, 넌 정말 천사 같아~" 하고 칭찬하지만 인간이 천사가 되는 게 오히려 이상하지 않은가? 인간이라면 화가 날 상황에서 화를 내는 것이 지극히 정상적이다. 분노나 화는 인간이 느끼는 다양한 감정들 중 하나이고, 화가 나는 것은 기쁨이나 슬픔을 느끼는 것처럼 자연스러운 현상이다.

2. 분노의 이면의 진짜 감정들을 찾아가자

분노의 탈을 쓴 슬픔, 짜증의 탈을 쓴 외로움 같은 진짜 감정들을 느껴보는 것이다. 그리고 그 감정은 모두 내 것이기에 그 누구도 비난할 수 없다. 심지어 나 자신조차도.

3. 화가 난 장소에서 잠시 벗어나자

물건 던지기, 비난하기, 욕하기, 엄한 사람한테 시비 걸기, 말꼬리를 물어 끝내 한판 붙기. 분노가 뇌에서 머무르는 시간을 최장 약 12분 정도로 본다. 즉 참을 인 자 세 개면 살인을 면하는 시간이 12분이라는 것이다. 따라서 굉장히 화가 났을 때 화가 난 장소에서 살짝 벗어나 12분 정도만 있어 보면 믿을 수 없을 만큼 분노가 약화되는 것은 경험할 수 있을 것이다. 화 자체는 잘못된 감정이 아니지만 화가 나는 감정 때문에 파괴적인 행동을 하는 것은 다른 문제다. 너무 화가 날 땐 그 자리를 잠시 뜨거나, 걷거나, 물을 마시면서 생각을 환기하며 12분이 지나기를 기다려보자.

4. 감정과 바람을 구분하여 말하자

그냥 내 안에 존재하는, 요동치는 감정 그대로를 말하고 이어서 내 바람을 말하자. 예를 들면 다음과 같다. "나 너무 슬퍼. 1시간만 혼자 있고 싶어." 혹은 "나는 소외감이 들어. 누가 내 옆에 와서 좀 앉아줘."

5. 아이의 감정에 주목하자

아이들이 화를 내거나 소위 개길 때, "너 버릇없이 이게 뭐야?" 하며 버릇 먼저 찾으려 하지 말고 아이가 느끼고 표현하는 감정부터 알아차리고 인정해주자.

chapter 3 독립: 엄마를 넘어선 나다움을 찾아

또 아이가 동생한테 "너 죽을래?", "아, C발"이라고 욕을 할 때, "어디서 동생한테 죽는대? 너 밖에서 욕하고 다니니?"라고 나무라기보다는 "'너 죽을래?'라고 말하고 싶을 만큼 화가 났구나!", "욕이 나올 만큼 화가 났구나!"라고 받아주자, 일단은.

6. 화를 가라앉히는 방법을 알려주자

아이에게 "화가 나는 것은 그럴 만한 이유가 있고, 너의 감정이니 그 또한 중요한 감정이야. 하지만 화가 나는 것과 화를 표현하는 것은 구분해야 한다"고 알려주자. 즉, 화가 나는 감정 자체가 잘못된 것은 아니지만 화가 난다고 던지거나 욕하거나 때리는 것은 잘못된 행동이라는 것을 **알려주자**. 아이에게도 화를 가라앉히는 3번의 방법을 알려주자.

화가 치밀 때 '누구를 향한 분노인가', '무엇 때문에 생긴 분노인가'를 스스로 인지하지 못한다면 우리는 엄한 대상에게 부당하게 화를 내고, 나보다 약한 자를 공격하고, 소중한 사람들이나 아이에게 상처를 남기는 엄마가 된다. 그리고 향방을 잃은 분노는 결국 지속적으로 우리 내면의 행복 그리고 평화를 고갈시킨다.

분노는 분명 필요한 것이고, 불의에 대한 분노는 사회를 좀 더 아름다운 쪽으로 흐르게 한다. 분노가 우리 삶에서 제자리를 찾아갈 수 있도록 노력할 때 우리는 보다 자유로운 존재가 되고, 우리의 아이들은 자신의 분노를 더욱 잘 다루는, 심리적으로 진화된 인간으로서 주변 사람들과 보다 나은 관계를 맺으며 살아갈 것이다.

분노해야 할 때 분노할 줄 아는 엄마와 그냥 툭하면 화를 내고 아이들에게 화풀이하는 엄마는 각각 전혀 다른 부류의 인간이다. 정당한 분노는 불의를 마르게 하지만 습관적인 화풀이는 사랑을 마르게 한다는 것, 잊지 말고 기억하자.

chapter 3 독립: 엄마를 넘어선 나다움을 찾아

사랑의 매 혹은 감정의 매

　엄마는 자주 때리는 사람은 아니었다. 그래도 몇 년에 한 번씩 열이 받으면 때렸는데 지금도 기억에 남는 체벌이 세 번 정도 있다. 한 번은 길에서 개기다 귀싸대기를 맞았고, 한 번은 차 닦는 밀대로 정말 비 오는 날 먼지 나게, 또 한 번은 내게 냄비받침이 날아온 것을 기가 막힌 순발력으로 잡아냈다(부메랑인 줄…). 안타깝게도 이 세 번의 체벌은 모두 내 사춘기 시절에 일어났다. 가뜩이나 민감한 시절 손찌검을 하다니, 안 그래도 복잡한 모녀 사이가 좋아지려야 좋아질 수가 없었고 엄마와 나 사이의 골은 더욱 깊어져만 갔다.
　가끔 지난날 엄마가 내게 행한 체벌의 의미를 묵상해볼 때가 있다. 결론은 이렇다. 엄마는 자신의 감정을 스스로 통제할 수 없을 때 나를 때렸다. 아빠와의 관계 혹은 본인의 인생에서 감당하기 힘든 감정이 가득 차올랐을 때, 내 행동이나 말이 그 감정을 폭발시키는 트리거가 되었고 그렇게 엄마는 자신의 상한 자존심이나 인생에 대한 한탄을 매에 담아 나에게 날린 것이다. 그래서인지 내게 남은 체벌의 기억은 훈육이라기보다는 엄마의 서러움, 엄마의 한, 엄마의 스트레스… 뭐, 그런 것들로 남아 있다. 나는 모범생에 가까웠지만 냉소적으로 개기는 것에 능숙했고, 그럴 때마다 엄마는 시쳇말로 돌아버렸다. 엄마는 내가 반항하며 맞설 때마다 이런 생각을 했던 것 같다.

'벅차다…. 왜 나는 이렇게 예민하고 힘든 아이를 혼자 키워야 하는가…'
'모든 게 엉망진창이다. 인생이 바보같이 꼬였어.'
'암담하다. 앞으로 어떻게 살아가지…'
'내 인생은 망했어.'
'그 남자(아빠) 때문이야.'

기본적으로 엄마의 내면에 깔려 있던 힘든 문장들이 수면 위로 떠오를 때 엄마는 견디기 어려웠을 것이다. 자식에게 무시당한다고 느꼈을 것이고, 유능한 엄마로서 기능하지 못한다는 생각에 자괴감이 들었을 것이다. 그리고 이 모든 상황이 아빠와의 꼬인 관계에서 시작되었다고 생각했으리라. 엄마의 매에는 엄마의 이런 심정이 고스란히 담겨 있었다. 나는 엄마의 억울함과 한, 수치심과 후회를 온몸으로 받아냈다고 느꼈다.

체벌의 효과는 과연 존재할까?

엄마에게 맞았던 기억이 있다면 한번 떠올려보자. 왜 맞았는지 이유를 기억해낼 수 있는가? 꽤 많은 사람들이 맞았던 장면은 기억하지만 왜 맞았는지 그 이유는 기억하지 못한다.

애라는 어린 시절 엄마가 화가 나면 무조건 맞았다. 엄마뿐 아니라 아빠도 화가 나면 아이들을 때렸다. 애라네는 세 자매였는데 세 자매는 잘못한 일이 생기면 맞으면서 혼이 났고 부모님은 세 자매를 잦은 체벌로 통제하며 키웠다. 세 자매 중 애라는 유독 더 자주 맞는 아이였는데 성인이 되어 본인이 경험한 체벌에 대해서 이렇게 말했다.

진짜 많이 맞았는데, 왜 맞았는지 기억나는 사건은 거의 없어요. 그냥 맞았구나 하는 기억뿐이고…. '아, 진짜 애를 왜 그렇게 때렸지? 꼭 그래야만 했나?' 하는 생각이 들고요. 그래도 저도 애를 키우다 보니 엄마가 이런 심정이었겠구나 싶긴 해요. 아, 물론 때린 걸 잘했다는 건 아니지만 그래도 내가 자유로워지려면 엄마를 용서해야겠다는 생각이 들어서 어느 날 엄마한테 이렇게 말했어요.

"엄마, 나는 엄마가 날 되게 많이 때린 거 용서했어. 맞아서 잘 컸다고 얘기하고 싶진 않아. 엄마가 심했어. 하지만 난 엄마 용서해."

그랬더니 엄마가 "내가 널 언제 때렸냐"고 그러는 거예요. '뭐지? 민망하니까 부인하는 건가?' 하고 생각했는데 진짜 어떤 사건은 아예 기억을 못 하시더라고요. 이게 뭔가 싶었어요. 맞아서 아프고 억울하고 수치스러웠던 기억은 명료한데, 저는 왜 맞았는지 기억이 안 나고, 엄마는 안 때렸다고 뻥치고, 어떤 건 아예 진짜 기억을 못 하고…. 참 어이가 없더라고요. 그럼 난 왜 맞았나. 난 분풀이 샌드백이었나. 남은 건 그냥 맞았던 더러운 기억뿐이구나….

애라의 경우처럼 많은 체벌은 반성과 훈육보다는 불쾌한 기억만을 남긴다. 인간의 뇌는 특히 부정적인 감정과 함께 저장된 기억을 아주 오래 간직한다. 맞으며 저장된 부정적인 감정과 체벌의 느낌은 죽을 때까지 잘 잊히지 않는다. 결국 무슨 얘기인가? 때린다고 훈육이 되는 것은 전혀 아니라는 말이다. 인간인 엄마, 감정적인 엄마가 화가 난 상태에서 감정을 배제하고 오롯이 훈육을 위한 체벌을 하는 것은 거의 불가능하다는 이야기이다. 그래서 나는 훈육을 빙자한 감정 분풀이 체벌을 극렬하게 반대한다. 아이들이 매 맞는 경험을 통해 진심으로 반성하거나 바르게 성장한다고 믿지 않는다. 아이들은 보다 더 끈기 있고, 정교하고, 전략적으로 지혜롭게 다루어져야 할 존재이다. 때려서 일순간 억압하고 통제할 수 있을지는 모르겠으나 때려서 교화하고 훌륭한 사람으로 키워낸다? 글쎄다.

체벌의 필요성이나 효과에 대해서도 집집마다, 부모마다 의견이 분분할 것이다. '등짝스매싱' 정도는 애교 아닐까 하고 생각하는 경우도 있을 것이다. 어느 쪽이 되었든 체벌에 대해 생각해보아야 할 이야기가 있어 옮겨본다.

미숙한 아이들을 때려서라도 가르쳐야 한다는 것이 체벌을 지지하는 사람들의 주장이다. 열등한 상대에 대한 교정 목적의 폭력은 정당화될 수 있다는 오래된 논리다. 그러나 수많은 경험적 연구는 체벌의 교육적 효과는 없고 되레 폭력의 내면화를 통해 뒤틀린 인성을 만들어낼 뿐이라고 지적한다. 아이들에게도 반성보다 공포만 불러일으킬 뿐이다.

"상처받음, 무서움, 속상함, 겁이 남, 외로움, 슬픔, 성남, 버려진 것 같음, 무시당함, 화남, 혐오스러움, 끔찍함, 창피함, 비참함, 충격받음."

'체벌'에 대한 아이들의 기억이다. 영국 세이브더칠드런이 2001년에 아이들이 맞았던 경험을 어떻게 느끼는지 정리한 기록이다. 아이들은 체벌에 대한 끔찍한 느낌을 40개가 넘는 형용사로 표현했지만 그중 미안하다거나 반성한다는 느낌을 말한 아이는 없었다. 체벌이 교육적으로 별 효과가 없을 뿐 아니라 아이들에게 정서적으로 큰 피해만 입힌다는 것을 보여준다. 부모의 훈육적 체벌은 의도가 선하기 때문에 신체의 온전성 및 인간 존엄성을 침해하지 않는다는 주장은 사실상 부모 중심, 성인 중심의 해석일 뿐이다.

김희경, 《이상한 정상가족》, pp.28~29, 동아시아

이처럼 체벌의 효과는 절대 긍정적이지 않다. 그런데 이런 이야기를 하면 많은 사람들이 또 이렇게 말한다. 말로 해서는 듣지를 않는다. 말로 해서 안 되니까 때리는 거다. 때려

야 정신이 든다. 이 지점이 중요하다. 왜 말로는 전혀 개선 효과가 없게 되었는가? 자기 자식에 대해 자기 입으로 '말로 해서는 처듣는 존재가 아니다'라고 말하는 것이야말로 진정한 가문의 부끄러움 아닌가? 말로 해서 안 되는 문제가 아이들의 문제인가 아니면 말로 승부를 내지 못하는 어른들의 문제인가. 나는 문제의 본질이 후자에 있다고 본다. 어려서부터 때려서 통제했으니 클수록 말로 안 되는 건 당연하다. 그렇기에 어른들은 보다 인내심 있게 훈육하는 말에 대해 배워야 한다. 말보다 손이 많이, 빨리 나가는 이유 중 하나는 많은 부모들이 말로 타이르다가 체벌하는, 격한 분노 발화의 임계점을 너무 낮게 잡고 있기 때문이다. 임계점에 대한 사전적인 정의는 다음과 같다.

'물질의 구조와 성질이 다른 상태로 바뀔 때의 온도와 압력'*

즉, 말로 하다가 손이 나가는 지점을 임계점이라고 볼 수 있다. 훈육을 할 때 임계점을 너무 낮게 설정한다는 의미는 무엇이냐면, 말로 아이를 설득하고 교육하는 시간을 애

*   네이버 어학사전

초에 너무 짧게 잡는다는 것이다. 한두 마디 해서 기가 죽지 않으면 귀싸대기를 날린다. 때론 상황 파악이고 뭐고 일단 때리고 나서 변명이든 설명이든 듣는다. 이런 경우 임계점은 '한두 마디' 혹은 더 정확하게는 '임계점이 아예 없음'이 될 수도 있을 것이다. 임계점을 너무 낮게 잡으면 훈육은 실패한다. 돌아버릴 것만 같은 말씨름 시간을 길게, 아주 길게 잡아야 한다.

인간이 얼마나 정교한 존재인가. 아이들이 개기거나 일탈을 하거나, 굳이 시험 기간에 노래방을 가버리고 마는 등 부모가 용납하지 못하는 어이없는 행동을 하게 되는 데에는 아주 다양하고 복잡한 인과관계가 있다. 핵심은 그 복잡한 실타래를 풀어가는 것이지 실을 아예 잘라내서 재빠르게 상황을 종료하는 데 있지 않다.

엉킨 실타래를 풀어본 적 있을 것이다. 엉킨 실타래를 포기하지 않고 푸는 것은 간단한 일이 아니다. 우리 할머니는 뜨개질을 잘 하셨는데 가끔씩 내게 엉킨 실타래를 던져주며 풀라고 하시곤 했다. 그렇게 엉킨 실타래를 받으면 좀 암담했다. 아… 만화 봐야 되는데…. 하지만 심호흡을 하고 시간을 들여 차분하게 이 실타래를 풀어보겠다, 결심을 하면 거기서 일단 에너지가 생긴다. 편하게 앉아 자리를 잡고

chapter 3 독립: 엄마를 넘어선 나다움을 찾아

마음의 여유를 가지고 가장 처음 엉킨 곳을 찾고 또 다음 엉킨 지점을 찾고 강하게 묶여 있는 매듭을 애써서 풀고 또 풀다 보면 웬만한 실타래는 다 풀린다. 가끔 가위로 확 잘라버리고 싶은 충동이 들 때도 있지만 그러면 실타래 전체를 못 쓰게 되기에 최대한 인내심을 가져야 한다. 이마의 땀을 닦으며 중간에 냉수도 마셔가며 실타래를 풀어가야 한다. 훈육의 과정이란 바로 이런 게 아닐까. 감정적인 폭발과 폭력으로는 절대 훈육할 수 없다.

아이가 열 살 무렵, 정말 이 아이가 왜 이렇게까지 개기는지, 어디 한 번 끝까지 그 뿌리를 파보자 하는 심정으로 작정하고 이야기를 나눈 적이 있다. 그날 아이와 2시간 30분 정도 이야기를 하는데 실상 나는 거의 말을 하지 않은 채 아이의 억울한 심정, 아이가 그렇게 생각하는 이유를 들으며 중간 중간 질문만 하는 데 대부분의 시간을 쏟았다. 솔직히 중간 중간 소리 지르고 싶은 것 세 번, 뛰쳐나가고 싶은 것 두 번은 겨우 참아냈던 것 같다. 아이는 2시간 30분 내내 엄마에 대한 서운함, 비난, 이해, 용서, 바람 같은 것들을 이야기했는데, 마치 5시간짜리 심청가를 들은 기분이랄까. 아이들은 자신의 생각이나 감정이 잘 정리되어 있는 상태가 아니기에 충분히 자기 생각과 마음을 표현할 시간을 주어야 내면의 생각을 표현하고 또 이를 전달하는 방법을 배울 수 있다. 아이들은 자라는 중이다. 인내는 어른의 몫이다. 아이를 다루는 데 있어서 근력과 끈기 있는 대화가 훈육의 기본이다.

또 한 번은 아이가 집에서 무서워하는 사람의 순서를 말한 적이 있었다. 3등은 아이를 돌봐주신 시터 이모님, 2등은 엄마, 1등은 아빠였는데, 아빠가 제일 무서운 이유는 "이리 와. 우리 얘기 좀 하자"라고 하기 때문이라나. 시터 이모님은 잔소리 정도만 하시니 그냥 듣고 흘리고, 엄마는 "야!!" 하고 소리부터 지르니 그때만 넘기면 되는데, 아빠가 이야기 좀 하자며 방에 데리고 들어가면 질문도 너무 많고 진짜 이야기가 끝나기 전에는 상황이 끝나지 않아 아빠가 제일로 무섭다는 것이다.

아무튼 훈육의 과정이란 이처럼 실타래를 풀어가는 과정과 비슷하지 않을까. 엉킨 실타래를 받았다면 일단 앉아서 자리를 잡아야 한다. 대충 서서 빨리빨리 풀려고만 하면 당연히 잘 풀리지는 않기에 마음만 급하고 손끝은 마음처럼 움직여주지 않아 부아가 치밀고, "에잇, 그냥 잘라버려. 뭐야, 왜 이렇게 또 엉킨 거야" 하며 성질만 내게 된다. 엉킨 실타래를 차분하게 앉아서 푸는 것이 임계점을 높게 잡고 차분한 훈육을 해가는 과정이라면, 서서 급하게 풀다가 가위로 잘라버리고 끝내는 것은 임계점을 처음부터 너무 낮게 잡고 아이에게 체벌을 가해 기를 죽이면서 상황을 끝내버리는 것이라고 할 수 있다.

아이에게 손대기 전 해야 할 일

아이 역시 인간이다. 아주 정교한 작은 인간이다. 아이들은 어른들이 생각하는 것보다 더 많은 것을 알고 있으며 생각하고 느끼고 기억한다. 그리고 그들의 기이한 행동에는 다 그럴 만한 이유가 있다. 한 아이는 다섯 살인데 기분 나쁜 일이 있거나 엄마한데 서운한 일이 있으면 뾰로통한 얼굴을 하고 와서는 "엄마 나랑 차 한잔 하면서 얘기 좀 해" 하고 말한단다. 다섯 살 아이가 차 한잔 하면서 얘기 좀 하자고 하면 그 말이 그렇게 무서울 수가 없다고. 아이들도 대화를 원한다. 대화는 습관이고 연습이다. 때리는 부모는 애증으로 남게 마련이지만 대화하는 부모는 존경과 사랑으로 남지 않을까? 당신이 손이 쉽게 올라가는 엄마라면 한 번쯤 다음의 사항에 대해 생각해보면 좋겠다.

아이의 체벌과 관련해 생각해볼 사항

1   내가 가한 체벌은 온당한가?
2   내가 어린 시절 당한 체벌은 나에게 무엇을 남겼는가?
3   참지 못하고 아이를 때리는 순간, 나는 어떤 감정 상태였나?
4   격분한 감정으로 아이를 때리는 것이 진정한 훈육의 방편이라 볼 수 있는가?
5   아이에 대한 내 임계점이 너무 낮지 않은가?
6   나는 어디까지 아이와 대화를 해보았나?
7   내가 가한 체벌은 아이와의 관계에 어떤 영향을 미치는가?
8   아이는 맞을 때 무엇을 느낄까?

다시 때리지 않기로 결심했다면, 지난 체벌을 사과하자. 아이가 시시때때로 사지분간을 하지 못하고 날뛰며 어처구니없는 행동을 하는 것은 당연한 일이다. 아이는 자라고 있는 중이니까. 아이들이 하는 황당한 언행이 우릴 '빡치게' 하지만 그것이 아이들이 맞아도 되는 이유는 아니다. 아이들이 우리에게 '빡'을 안겨주었다면 일단 잠시 그 자리를 뜨자. 보통 분노는 12분 정도 지나면 진정이 된다고 한다. '빡'이

chapter 3 독립: 엄마를 넘어선 나다움을 찾아

활활 타오르다가 결국 재로 변하면 우린 다시 정상이 될 것이고 그러면 비로소 아이와 '네가 저지른 잘못된 행동'에 대해 이야기할 수 있을 것이다. 감정적인 분노 전달은 아이에게 아무런 득이 되지 않는다. 부모 자녀 관계도 인간관계다. 아이를 내 식대로 만만하게 생각하지 말자. 회사에서 열 받았던 일, 남편과의 갈등, 경제적인 고민 그로 인한 스트레스의 칼날을 결코 아이에게 돌리지 말자. 그것들은 원래 우리 어른들의 몫임을 잊지 말기로 하자.

성性스러운 엄마

아이가 일곱 살이 되었을 무렵, 놀이터에서 동네 누나들이 생리에 대해 수다 떠는 걸 들었다.

"야아아~ 나 오늘 시소 못 타. 엉덩이에서 피 난다고."

"너 오늘 생리해? 아, 진짜? 시소 못 타네."

누나들이 시소를 탈 수 없게 하는 알 수 없는 그 정체불명의 병은 무엇인가. 피가… 난다니… 뭔가 무섭다. 세상 신기하고 이상하며 기괴한 이야기를 들은 아이는 집에 와서 자기가 들은 바에 대해 물었다.

"아빠, 있잖아, 여자 엉덩이에서 피가 나온대. 그게 뭐야? 진짜야?"

남편은 아이의 급습 질문에 너무 당황한 나머지,

"여보, 이리 와봐요. 당신이 대답 좀 해줘야 할 것 같아.

chapter 3 독립: 엄마를 넘어선 나다움을 찾아

어우 이게 지금…."

이라며 나를 향해 지진이 난 동공을 날렸다.

솔직히 나 또한 당황하지 않았다면 거짓말. 내가 예상했던 시기보다 더 빠르게 질문이 들어온 것이 사실이다. "엄마, 아기는 어떻게 생겨?", "엄마, 아기는 어떻게 나와?"와 같은 부류의 질문과는 느낌 자체가 다르다. 사실 본질은 크게 다를 바 없는 질문인데 그날은 나도 살짝 당황하기는 했다. 아이는 자라며 많은 정보를 받아들이고 있는데 부모는 뒤처지고 있었다.

내 귀여운 아기(사실 진즉 아기 시절은 뗐고 어린 소년이었지만)에게 성에 눈뜨는 시기가 이렇게 빨리 찾아왔다는 사실을 받아들이기 어려웠다. 특히 나는 상실감에 대한 아킬레스건이 있는 사람인지라 어린 소년인 아이를 아기라고 부르는 것은 맞지 않다고 생각하면서도 자꾸 아기라고 불렀다. 아무튼 내 아기가 벌써 여자 엉덩이에서 피가 나오는 현상을 묻다니….

"엄마, 뽀로로 친구가 몇 명이게?", "엄마, 코코몽이 소시지인 거 알았어?"와 같은 질문에서 갑자기 "여자 엉덩이에서 나오는 피"로, 질문이 상당한 스케일로 진화했다. 조금 슬펐다. 일종의 상실감이랄까? 이제 내 아기가 어린 소년을 지나 성에 눈뜨는 존재가 되어가는 것이다. 먹이고, 입히고, 재우고, 씻기고의 단계를 지나 또 다른 단계로 진입한다고 생각하니 낯설고, 조금은 싫고, 경미하지만 우울한 감정마저 들었다. '이젠, 아기가 아니야….'

하지만 현실은 언제나 냉혹한 법. 때에 어울리지 않게 넘치는 감성은 일을 그르치게 마련이다. 아이 인생에 있어 정말 중요한 질문이 나온 만큼 엄마로서 잘 대처할 필요가 있었다. 아이가 궁금해하는 것들에 대해 답하고 교육해야 한다는 사실을 받아들여야만 했다.

'그래! 내 아기야, 여자 엉덩이에서 나오는 피에 대해 얘기해보자꾸나!!'

그날 아이와 '여성의 생리'에 대해 기나긴 이야기를 나누었다. 이야기가 길어진 이유는 아이의 질문이 끊이지 않았기 때문이다. 아이의 질문은 다음과 같았다.

"피가 한 번 나오고 끝나냐 아니면 계속 나오냐?"
"며칠 동안 나오냐?"
"모든 여자는 다 하는 거냐?"
"그럼 내가 아는 여자들은 다 하는 거냐?"
"우리 선생님도, 이모도, 작은 할머니도 다?"

chapter 3 독립: 엄마를 넘어선 나다움을 찾아

"죽을 때까지 하냐?"

"한 번에 피가 얼마큼 나오는 거냐?"

"피가 나면 아픈 건데, 생리하는 것도 아프냐?"

"그럼 피는 뭐로 닦냐?"

"기저귀 차냐?"

"기저귀를 계속 차냐, 아기처럼 중간에 갈아주냐?"

"근데 왜 피로 나오는 거냐?"

"우리 반 여자 애들도 하냐?"

와… 질문이, 질문이…. 이렇게까지 자세하게 궁금해할 수 있다니! 아이의 질문은 디테일의 끝을 달렸다. 그리고 아주 진지했다. "엄마 구름은 왜 생겨?"와 같은 질문을 할 때처럼 이 세상에 존재하는 어떤 진실을 배우고 흡수하고 있었다. 아이의 질문은 아주 자연스러웠고 1 더하기 1을 배우듯이 여자의 생리에 대해서 묻고 듣고 배우기 위한 것들이었다.

그 일이 있은 뒤, 아이에게 아주 현실적이고 구체적인 성교육이 필요하다고 느꼈다. 그리고 남편과 의논해 성교육 전문기관에 위탁해 성에 대해 배우는 시간을 주기적으로 가졌다. 성에 대한 배움은 실질적이었고 성교육을 받은 뒤에는 드라마에서 키스 신이 나와도 누군가 갑자기 일어나 화장실을 가지 않았다. 생리 기간에 아들의 극진한 보살핌을 받을 수 있게 되기도 했다.

그리고 성교육을 받은 뒤 아이는 성에 대해 배운 것을 자연스럽게 이야기하고 또 묻기도 했다. 한번은 상상 그 이상의 이야기를 하기도 했는데,

"엄마, 내가 오늘 배웠는데 정자는 사랑하는 여자에게 주는 거래. 그래서 내가 생각해봤는데 내가 제일 사랑하는 여자는 엄마야. 그러니까 내 정자를 엄마에게 주고 싶어~."

"(엉덩이 피에 이은 두 번째 충격, 식은땀) 아… 그렇구나. 아, 그게 근데… 마음은 고맙지만 내가 받을 수는 없을 것 같아. 그 이유는 어쩌고저쩌고…."

"엄마, 나 상상할 수가 없어. 아무리 좋아해도 서로 팬티를 벗고 눕는다는 건 좀…. 내가 그런 걸 할 수 있을까? 난 자신이 없는데…."

"걱정 마, 나중에 크면 아주 자연스럽게 할 수 있는 능력이 생길 거야. 그러니까 너무 미리 걱정하지 않아도 돼."

"엄마 왜 나는 동생이 없어? 아빠랑 섹스를 좀 하지 그래."

"그래. 내 일이니 내가 알아서 할게."

chapter 3 독립: 엄마를 넘어선 나다움을 찾아

아이의 질문은 이와 같이 아주 참신했다. 아마도 많은 아이들이 우리 아이와 같은 궁금증을 안고 있을 것이다. 단, 그것을 시의적절하게 어떻게 자극하고 끌어내고 채워주는가가 관건이리라. 그런데 간혹 아이들의 성교육에 대해 이런 말을 하시는 부모님들이 있다.

"아이가 아직 순진한데, 일부러 미리 알려줘서 성에 눈뜨고 호기심이 생기게 할 필요가 있을까요? 괜히 안 좋은 길로 빠져들면 어떻게 해요?"

뭘 가르쳐줘서 호기심이 생겨 그 길로 빠져 정신까지 못 차리게 된다면, 우린 다 노벨물리학상을 받았어야 하지 않을까? 수학을 배우면 다 수학자가 되고, 책을 읽으면 다 소설가가 되던가? 어쩌면 이런 생각 자체기 이미 어른으로서 성에 대해 왜곡된 시선과 편견을 가졌다는 뜻인지도 모른다. 성은 그저 지식이다. 이 세상을 살아가면서 계절에 맞는 옷을 입는 것을 가르치듯이, 손을 잘 닦아야 코로나 바이러스가 씻겨 나간다는 사실을 알려주듯이, 성 또한 있는 그대로 알려주면 되는 삶의 지식인 것이다. 어른들이 자연스럽고 진지하게 가르쳐주면 아이들 또한 자연스럽고 진지하게 배운다.

그리고 또 가끔 이런 부모님을 만난다.

"그래서 저는 아직 스마트폰을 안 사줬어요. 아직 뭘 모르긴 하는데…. 가르쳐줘야겠죠?"

정말이지 순진하신 부모님들…. 정말 아이가 아직 뭘 모를까? 과연 우리 아이들이 우리의 예측 반경 안에만 있을까? 아이들에게도 사회생활이라는 게 있다. 학교 친구, 학원 형, 동네 언니 등으로 구성된 그들만의 사회가 있고 그 안에서 누군가는 성에 대한 왜곡된 정보에 닿아 있다. 그리고 또 그중 누군가는 친구, 학원 동생, 동네 언니와 자신이 알고 있는 놀라운 세계를 공유한다. 그들만의 공간, 그들만의 시간에 그렇게 아이들은 공유하고 흡수하면서 성에 대한 나름대로의 가치관을 형성한다.

그리고 아이들은 본능적으로 오늘 보고 들은 것을 부모님께 말하는 것은 뭔가 자신이 불리해지고 인생이 피곤해지는 일이라는 걸 감지한다. 그렇게 공유해야 할 사건은 비밀이 되고 부모님들은 아무것도 모른 채 "우리 아이는 아직 모른다"라고 천하태평한 이야기를 한다. 아이들이 모르는 게 아니고 '부모님들이 모른다.' 아이들을 의심하라는 이야기가 아니다. 아이들의 현실에서 충분히 일어날 수 있는 경우의 수에 대해 넋을 놓고 있다가 골든타임을 놓치는 실수를 해서는 안 된다는 말이다. 'N번방 사태'만 봐도 그렇지 않은

chapter 3 독립: 엄마를 넘어선 나다움을 찾아

가. 한번 성에 대한 왜곡된 가치관이 형성되면 그토록 무서운 결과를 낳는 것이다.

아이들에게 적합하지 않은 동영상이 공유되는 데 얼마의 시간이 필요할까? 1박 2일? 24시간? 아니다. 단 5분이면 충분하다. 놀이터 구석진 곳, 학원 계단, 편의점 옆 골목에서 5분이면 충분하다. 5분이면 아이의 세상이 바뀐다. 아이들이 성적인 존재로 커가는 것을 받아들이자. 그리고 성적인 엄마가 되어 아이가 성에 대해 가지는 세계관을 아름답고 건강하게 만들어주자. 아이가 성적인 존재로 커가고 질문할 때마다 축복하고 격려해주자. 아이들이 밖에서 성에 대한 왜곡된 정보를 접하기 전에 부모들이 먼저 치고 나가야 한다. 무엇이든 선점이 중요한 것이다.

성에 당당하고 자연스러운 엄마

내가 초경을 했을 때 엄마가 선물을 사왔다. 작은 박스였는데, 생리 팬티가 예쁘게 포장되어 있었다. 엄마는 이제 정말 내 몸을 더 소중하게 생각해야 한다며 선물을 건넸다. 그리고 생리대를 사용하는 방법에 대해 자세하게 설명해주었다.

그 순간은 내가 엄마에 대해 가지고 있는 몇 안 되는 좋은 기억 중 하나이다. 그날 적어도 나는 내가 성적인 존재가 되는 것에 대해서 지지받고 격려받고 축하받는 기분이 들었고, 그렇게 첫 단추가 끼워진 덕분에 성은 내게 수치나 부끄러움의 대상이 아닌, 아름답고 숭고한 것, 그냥 인간적인 것이 되었다. 나를 소중히 여겨야 한다는 것을 배움과 동시 타인의 몸도 소중히 대해야 한다는 사실을 깨우치게 되었다.

한 화장품 브랜드에서 '오르가슴', '섹스어필'이라는 이름의 제품을 출시한 적이 있었다. 그 제품은 상당히 인기를 끌었고, 내 친구는 그 제품을 보러 엄마와 함께 화장품 매장에 들렀다. 내 친구가 "오르가슴이랑, 섹스어필 좀 보여주세요!"라고 말하자 친구의 엄마는 너무 놀랐다. "아니, 이게 지금 무슨 소리냐"며 "이게 화장품 이름이냐? 좀 작게 말해"라며 엄청나게 당황하시더라는 거다. 당시 우리들은 엄마가 너무 귀여우시다며 깔깔 웃었다. 이처럼 우리 엄마 세대들에게 성적인 이야기나 표현은 전혀 자연스럽지 않고, 흉하며, 누가 들을까 숨죽여야 하는 민망한 대상이었다. 우리 어머니 세대는 여성의 자유 그리고 여성의 주체적인 성이 속박을 벗어나지 못한 때였다. 엄마들이 오르가슴과 섹스어필이라는 단어를 백화점 매장에서 입 밖으로 낸다는 것은 국가 기밀을 적군에게 넘기는 것만큼 어려운 일이었다.

　하지만 이제는 많은 것들이 달라졌다. 이번 세대의 엄마들은 새로운 흐름을 탔으면 좋겠다. 성에 당당한 엄마가 되어 자연스럽게 자녀에게 성에 대한 이야기를 들려주는 데 망설이지 않으며 딸들에게 더욱 아름답고 주체적인 성 관념을 유산으로 물려줄 수 있으면 좋겠다. 많은 부모님들이 아이들의 진로와 학업에 길라잡이가 되기 원하지만 성에 있어서는 예외인 경우가 많은 듯하다. 하지만 아이에게 성에 대해 성스러운 영향력을 끼치는 엄마가 될 수 있어야 한다. 당신이 이야기하는 성에 대한 이야기가 아이가 평생을 살아가게 될 성의 세계를 만들어줄 것이니 말이다.

엄마 같은 엄마는 되지 않겠다는 다짐

"아휴, 너도 나중에 너랑 똑같은 딸 낳아서 한번 당해봐."

엄마들이 딸 때문에 속이 상할 때 꼭 이런 말을 한다. 그러면 딸들은 이렇게 생각한다.

'웃겨, 진짜…. 나도 엄마 같은 엄마는 되지 않을 거야.'

모녀 관계도 인간 관계다. 아주 복잡하고 역동적인 심리가 끊임없이 일어난다. 부부는 갈라서기라도 한다지만 모녀 관계는 부부 관계 보다 더 길고 끈질기다. 엄마는 딸에게 좋은 엄마가 되길 원하고 딸에게 인정과 사랑을 받기 원한다. 딸 역시 엄마에게 사랑을 받기 원하고 돌봄을 받기 원한다. 하지만 모든 사랑이 그렇듯 사랑은 엇갈리고 오해를 낳기도 하며 상처를 만든다. 사랑을 받고 싶은 대상에게 기대만큼의 사랑을 못 받을 때 사랑은 애증으로 바뀌고 둘의 관계는 한층 더 복잡하고 어려워진다. '사랑의 불시착'은 남녀 관계에서만 일어나는 게 아니다. 모녀 관계에서도 사랑의 불시착은 일어난다.

엄마와 '사랑의 불시착'을 겪은 서연의 이야기를 잠시 들려드리려고 한다. 서연은 세 아이의 엄마다. 그것도 아주 다정하고 따뜻하고 체력이 좋은 엄마다. 다정의 조건은 체력이라고, 타고난 마음씨도 다정다감한데 체력까지 좋아 세 아이를 모두 살뜰히 키우는 '언빌리버블 맘'이다. 심지어 그녀는 아이들이 중학교에 가기까지 배달음식이나 외식도 거의 하지 않고 거의 집밥으로만 먹일 만큼 대단히 기운찬 엄마였다. 또한 서연은 문화생활도 잘 즐겼다. 짬이 생기면 박물관, 식물원, 영화 등등 소소하게 즐길 수 있는 것들을 잘 챙겨 누렸다. 잡학다식한 그녀는 연꽃이면 연꽃, 갈대면 갈대, 팥죽이면 팥죽…, 뭐 일상다반사에 관한 웬만한 것들에 대한 답을 갖고 있었다.

그런데 딱 하나, 그녀는 애들을 두고 나와 하룻밤 자는 것을 매우 힘들어했다. 친구들과 여행이나 호캉스 갈 일이 생겨도 쉽게 떠나지 못했다. 몸이 부서져라 세 아이를 끌고 다니면 다녔지 혼자 나와 하루 24시간 즐기는 것을 아주 힘들어했다. 심각한 죄책감이 항상 그녀의 발목을 잡았던 것이다.

나와서 도박을 하는 것도 아니요, 클럽에서 부킹을 하는 것도 아니요, 그저 친구들과 치맥을 하고 하룻밤 수다 떠는 게 고작인데 아이들과 떨어지는 것을 심각하게 힘들어하고 미안해했다. 일반적인 분리불안보다 약간은 더 깊은 죄책감이 그녀를 사로잡고 있었다. 서연은 자신의 이런 감정이 그저 일반적인 수준의 것이 아니라는 사실을 감지하고 있었다. 아이들은 커가고 곧 떠나는 날이 올 것이다. 그러면 그런 경우는 나는 괜찮을 것인가. 나는 왜 아이들을 떼어놓지 못하나. 곧 아이들은 엄마의 품을 떠날 텐데 그럼 나에겐 무엇이 남나. 나는 그 홀로됨을 견딜 수 있을 것인가.

서연은 중년이 되자, 자기 마음을 들여다보고 싶었다. 잘 살아오고 아이들도 잘 키워왔지만 아이들과의 분리를 떠올릴 때면 항상 무언가 모르게 자기 마음에 무겁게 달린 추 하나가 있음을 느꼈다. 그 추가 왜 그렇게도 묵직하게 자신의 마음을 끌어내리는지 궁금했다. 중년이 되자 추의 무게는 더욱 무거워졌다. 서연은 상담을 하기도 하고, 모임도 갖고, 책도 읽으며 자신은 어떤 사람인가에 대한 탐색을 시작했다.

서연은 세 자매 중 둘째 딸로 태어났다. 어느 집이나 그렇듯 둘째 딸들의 삶은 녹록지 않다. 생활 속 작은 순간순간 쟁취를 위한 크고 작은 내적투쟁을 겪어야 했다. 둘째들은

chapter 3 독립: 엄마를 넘어선 나다움을 찾아

원래 막내였으나 어느 날 갑자기 언니가 되고, 부모의 사랑을 받는 서열에서 제일 '꼬래비'에 서게 된다. 정신을 똑바로 차리고 투쟁적으로 살지 않으면 새 운동화 하나 받아 들기 힘들지만, 또 지나치게 투쟁적인 태도를 드러냈다간 언니와 동생에게 '꼬라지'를 부리는 밉상이 되기 때문에 가정 내 자신의 안전한 입지를 위해 내적 평화가 깃든 척 연기에도 능숙해야 하는 고충이 있다.

그런데 서연은 둘째 중에서도 더욱 어려운 둘째의 삶을 살았다. 서연은 다섯 살 무렵 어려워진 집안 사정 탓에 시골 할머니 댁에 맡겨졌다. 서연은 그 시간이 얼마나 길었는지 정확히 기억나지 않는다고 했다. 하지만 자신이 할머니에게 맡겨질 무렵 보행기나 겨우 타던 동생이 이후 집에 돌아온 자신을 보고 "너, 내 언니 아니야!"라며 막말도 잘 하더라는 것. 그것으로 추측해보아 1년 6개월 이상의 시간 동안 자신이 가족으로부터 분리되어 있었던 것 같다고 추측했다. 이후 가세가 좋아져 다시금 가족과 분리되는 일이 일어나지는 않았지만 서연은 그때 버려진 느낌을 평생 잊을 수 없었다. 버려지는 느낌이 무엇인지 알기에 너무도 그 감정이 두려웠다. 아마도 서연이 아이들과 떨어질 때 느끼는 혼란스러운 감정은 혹여나 아이들이 자신이 어린 시절 경험했던 좌절감을 느끼게 될까 두려워하는 데서 기인했다.

　게다가 서연은 중학교 때 자신의 출생에 얽힌 이야기를 알게 되었다. 자기 위로 사산된 오빠가 있었다는 것. 아들을 너무도 원했던 부모님에게 자신은 아들이 아닌 딸로서 태어난 것이다. 서연은 그 이야기를 들었을 때 자신의 '존재가 흔들렸다'고 표현했다. 그리고 '어릴 때 왜 나는 혼자 남겨졌을까?', '엄마는 왜 언니나 동생이 아닌 나를 할머니 댁에 혼자 두었을까?'와 같은 물음을 항상 마음속에 품고 살았는데, 자기 위에 죽은 오빠가 있다는 걸 알게 된 순간 자신이 딸이었기 때문에 시골에 혼자 남겨졌다는 생각이 들었다는 것이다. 그 생각이 진실이든 진실이 아니든 서연에게 그것은 정답 카드가 됐다. 서연은 그때 자신의 인생이 '대타 인생' 같이 느껴졌다고 표현했다. 부모님이 원래 바라지 않았던, 전혀 반갑지 않은 탄생 그래서 필요에 따라 혼자 시골에 남겨진 자기의 인생이 대타처럼 느껴졌다는 것이다.

　서연은 그때 이후로 항상 자신이 오빠 대신 태어나 사는, 따라서 쓸모없는 자신의 존재가 항상 힘들게 느껴졌다. 게다가 고등학교 때 아버지는 서연을 그렇게도 간호사관학교에 보내고 싶어 했다. 이때도 서연은 '나는 진짜 아들 대신 사는 인생이 맞구나. 아빠는 아들도 못 낳아 군대 보낼 자식

chapter 3 독립: 엄마를 넘어선 나다움을 찾아

이 없으니 대신 나라도 간호사관학교에 보내 대리만족을 하려는 것이구나'라는 생각을 했다고. 그런데 훗날 이 간호사관학교에 대한 진실이 밝혀졌으니, 그것은 결코 아들 대신이 아닌 아버지가 군 시절 가졌던 간호장교에 대한 환상 때문이었다. 멋진 아우라를 풍기던 간호장교에 대한 이미지를 잊지 못해 딸들 중 한 명 정도는 멋진 간호장교를 했으면 하는 바람을 가졌던 것이다(아부지, 그런 이유였다면 좀 일찍 말씀해주시지 왜 그러셨어요…).

서연은 이런 사연을 이야기하며 자신이 뜨개질과 바느질 그리고 중고물품 거래 사이트를 좋아하는 이유가 여기에 있는 것 같다고 했다. 쓸모없어서 버려질 뻔한 옷들도 바느질을 히면 버려지지 않고 다시 용도를 찾게 되고, 털실도 뜨개질을 하면 멋진 옷이 된다. 게다가 뜨개옷은 서연이 어린 시절 엄마의 사랑을 유일하게 느낄 수 있는 통로이기도 했다. 서연의 엄마는 뜨개질을 잘 하셨는데 어린 서연이 엄마가 떠준 옷을 입고 나가면 사람들이 모두 칭찬하며 "엄마가 이렇게 예쁜 걸 떠줬구나"라고 이야기했다. 그리고 그 순간만큼은 서연도 버려진 아이가 아닌 엄마에게 사랑받는 아이의 느낌을 가질 수 있었다. 중고물품 거래 사이트에서 거래가 이루어지는 족족 서연은 큰 기쁨을 느꼈다고 한다. 얘네

들이 버려지지 않는구나. 다시 또 가치 있게 사용되는구나. 중고물품 사이트에서 자신의 물건이 팔리면 서연은 그 물건들에게 새 생명이 부여되는 것 같은 느낌이 들었다.

서연은 자신의 인생 스토리를 차근차근 풀어가며 자신이 아이들을 분리할 때 느끼는 과한 죄책감이 어린 시절에서 비롯된 감정이었음을 알고 조금씩 자유를 찾았다. 아이들을 떼어놓는 일에 대해서도 과도한 감정에 휩쓸리지 않기 시작했다.

엄마에게 사랑받고 싶었지만 홀로 남겨졌던 서연은 자신의 아이들에게만큼은 혼자 남겨지는 느낌을 주고 싶지 않아 잠시 동안 아이들을 떠나는 것에도 전전긍긍하며 최선을 다해 아이들 곁을 지켰다. 또한 뜨개질과 바느질, 중고물품 사이트를 통해 자신의 인생을 위로하고 있었던 것이다. 자신의 인생에 대해 어느 정도의 해석을 마친 그녀는 이렇게 이야기했다.

"한때 저는 '내 이야기는 비밀이야. 수치스러우니 함부로 입 밖에 내서는 안 돼'라고 생각했어요. 하지만 그게 아니라는 걸 알게 됐어요. 말을 하니 이게 그렇게 말 못 할 만큼 수치스럽기만 한 일은 아니라는 생각이 들어요. 또 사람들이 제 이야기를 들

chapter 3 독립: 엄마를 넘어선 나다움을 찾아

어주며 '힘들었겠다. 너 그런 일이 있었는데도 잘 컸네' 하고 말해줄 때 위로가 되더라고요."

엄마처럼 살지 않겠다는 목표에서 벗어나기

상처는 그렇게 소화되는 것 같다. 특별한 이야기가 인간 보편의 인생 이야기로 흡수될 때, 누군가에게 자기의 아픈 이야기를 말하고, 누군가는 네 잘못이 아니라고 위로를 건넨다. 아픈 이야기들이 끊임없이 돌고 돈다. 아픈 이야기는 사람들의 귀와 마음을 거쳐 사람들에게 들어갔다 나오며 공감과 위로를 통해 우리네 삶의 이야기가 된다. 그렇게 우리는 상처를 소화하고 타인을 사랑하는 것을 포기하지 않는 아름다운 성인이 되어간다.

서연처럼 나 또한 엄마와 같은 삶을 살지 않기 위해 이를 악물고 살아온 날들이 많았다. '딸 팔자가 곧 엄마 팔자'라는 말에 지고 싶지 않아 놀지도 못하고 살았다. 그런 마음으로 스스로 나를 지켜온 시간들이었다. 하지만 이 나이 정도 되니 이젠 스스로 좀 놓아주는 것도 맞다는 생각이 든다. 엄마처럼 살지 않는 게 중요한 게 아니라 내가 행복하게 사는 삶이 중요한 거니까. 엄마처럼 살지 않겠다는 목표가 아닌 나답게 살겠다는 목표가 맞는 것이었다.

'자기 연민'은 상당히 중요한 감정이다. 대개 자기 연민은 부정적인 의미로 쓰일 때가 많지만 완벽을 추구하는 사람들에게 이는 아주 중요한 부분이다. 엄마처럼 살기 싫은 딸들은 연어가 물살을 거스르듯이 최선을 다해 반대편으로 노를 저어간다. 그녀들은 자기가 정해놓은 어떤 기준 안에서 완벽을 추구한다. 노를 저어 향하는 곳이 진짜 내가 원하는 방향인지는 알 수 없다. 1차 목표는 엄마에게서 멀어지는 것이다. 하지만 완벽하게 노를 젓다 보면 고단하고 힘이 빠지는 순간이 온다. 그 순간은 대개 탈진 직전이고 그때 우리에겐 자기 연민이 필요하다. 엄마처럼 살기 싫은 딸들에게는 이런 이유로 자기 연민이 필요할 것이다.

'내가 엄마에게 받은 상처를 내 아이들에게 주기 싫어서 이렇게 열심히 노를 젓고 있구나. 아… 나 불쌍해. 이러는 거 보면 어린 시절의 내가 참 맘 고생이 많았던 거네. 힘들었지? 애썼어. 근데 이젠 이렇게 힘들게 노를 젓지 않아도 될 것 같은데 어디 한번 어디까지 왔나 고개를 들어볼까? 내가 원하는 방향이 맞나? 내가 가고 싶은 방향을 찾아보자. 진짜 내가 행복해지는 곳으로 나침반을 맞추는 게 좋겠어.'

당신에게도 엄마처럼 되고 싶지 않은 부분이 있을지 모

chapter 3 독립: 엄마를 넘어선 나다움을 찾아

르겠다. 이런 엄마는 되지 않을 거야, 그런 것 말이다.

- 사사건건 통제해서 숨 막히게 했던 엄마
- 평생 불쌍하게 아빠의 비위를 맞추며 살았던 엄마
- 항상 자신감이 없었던 엄마
- 너무 잘나고 바빠서 나와 함께해주지 않았던 엄마
- 아들만을 사랑했던 엄마
- 남자관계가 복잡했던 엄마
- 비교와 차별을 많이 했던 엄마
- 무엇에든 무기력하고 부정적이었던 엄마
- 노는 걸 너무 좋아해서 나는 뒷전이었던 엄마
- 술을 너무 좋아했던 엄마
- 아빠에게 사랑받지 못했던 엄마

만일 당신의 엄마가 이런 유형의 엄마였을 경우 당신은 발버둥 치며 항상 엄마와 반대로 노를 젓는 삶을 살아왔는지 모르겠다. 물론 그런 성실함이 당신을 지켜줄 것이고, 당신에게는 엄마와 다른 역량이 존재하는 만큼 엄마와는 다른 인생을 살게 될 것이다. 하지만 만일 노를 젓는 목표점이 맹목적이라면, 당신이 가고자 하는 방향이 어디인지 모른다면, 엄마처럼 살고 싶지 않고 되고 싶지 않은 마음이 너무 강렬한 나머지 진짜 당신이 되고 싶은 엄마는 어떤 엄마인지 생각해본 적이 없다면, 한 번쯤 따져보자. '엄마 같은 엄마가 되지 않을 거야'가 안내하는 지점이 과연 내가 행복해지는 지점인지. 엄마처럼 살지 않는 것보다 나답게 행복하게 사는 것이 더욱 중요하니까 말이다.

추신: 서연이 어느 날 용기를 내어 아이들에게 물었다고 한다. 엄마는 어릴 적 할머니가 엄마를 두고 간 적이 있어서 너희를 두고 어디를 가면 너희가 버림받는 기분이 들까 봐 걱정이 된다고, 엄마가 어디 가면 너희는 어떤 기분이냐고. 그러자 아이들은 눈이 동그래지고 황당해하면서 엄마는 어떻게 우리가 그런 말도 안 되는 감정을 느낄 거라 생각하느냐고 되물었다고 한다. 그냥 우리는 엄마가 자고 오나 보다, 잘 자고 오면 좋겠다, 이게 끝이라고. 그러곤 치킨을 시켜 먹는다고. 서연은 그 말을 들으며 치유받는 기분이 들었다고 했다. 진작 물어보면 좋았을 것을. 노를 저어도 너무 힘들게 저어왔는데 말이다.

chapter 3 독립: 엄마를 넘어선 나다움을 찾아

무심코 일어나는 모녀간 가스라이팅

'나는 엄마에게 가스라이팅을 당하고 있다'라는 문장을 아이의 일기장이나 SNS에서 보게 된다면 당신의 기분은 어떨까? 이게 무슨 소리야? 황당해! 아니, 내가 저를 어떻게 키웠는데! 부들부들 분노! 이것은 내 딸의 일기장이 아니다. 이건 꿈이야. 뭔가 잘못되었다. 내 딸이 어디가 아픈가?

'엄마의 가스라이팅'이란 아마도 보통 사람들이 쉬 받아들이기 힘든 표현일 것이다. 그런데 유감스럽게도 딸을 향한 엄마의 가스라이팅은 충분히 일어날 가능성이 있는 일이다. 너무도 사랑하는 엄마와 딸 사이에도, 가스라이팅은 부지불식간에 그리고 흔하게 발생한다.

"사랑해서 그래…."

가스라이팅은 보통 데이트 폭력에서 자주 등장하는 말이

다. 아주 교묘하게 상대를 통제함으로써 상대를 내 손아귀에 넣어 쥐고 흔들며 상대의 존엄을 말살하는 정서적 학대 중 하나이다. 가스라이팅의 사전적인 의미는 다음과 같다.

> 타인의 심리나 상황을 교묘하게 조작해 그 사람이 스스로를 의심하게 만듦으로써 타인에 대한 지배력을 강화하는 행위로, 〈가스등Gas Light〉(1938)이란 연극에서 유래한 용어이다.[*]

이제 데이트 폭력은 사회적으로 단지 남녀 둘 사이의 문제가 아닌 폭력의 문제로 인지되기 시작했다. 동시에 가스라이팅의 위험성에 대한 인식과 경계도 높아졌다. 아주 바람직한 현상이다. 인간은 사랑이라는 이름으로 폭력도 조종도 당할 이유가 없으니까. 그간 사랑이라는 이름으로 저질러진 무수한 폭력은 앞으로 사람들의 민감한 반응과 날카로운 눈총을 받으며 설 자리를 완전히 잃어야만 할 것이다.

가스라이팅에 대한 관심이 높아지면서 가스라이팅 자가 진단법이 나오기도 했다. 가스라이팅이 어떠한 것인지 알아보기 위해 진단 리스트의 질문을 소개해본다.

[*] 출처: 네이버 시사상식사전

chapter 3 독립: 엄마를 넘어선 나다움을 찾아

가스라이팅 자가 진단 목록

1 나도 혹시 가스라이팅을 당하는 걸까요?

- 왠지 몰라도 결국 항상 그 사람 방식대로 일이 진행된다.
- 그 사람에게 "너는 너무 예민해", "이게 니가 무시당하는 이유야", "비난받아도 참아야지", "나는 그런 이야기를 한 적이 없어. 너 혼자 상상한 것이겠지" 등의 말을 들은 적이 있다.
- 그 사람의 행동에 대해 주변 사람들에게 자주 변명한다.
- 그 사람을 만나기 전에 잘못한 일이 없는지 점검하게 된다.
- 그 사람이 윽박지를까 봐 거짓말을 하게 된다.
- 그를 알기 전보다 자신감이 없어지고 삶을 즐기지 못하게 됐다.

2 내가 무심코 한 이 말이 가스라이팅일 수 있어요

- "이게 다 네가 잘못해서 그런 거야."
- "내가 아니면 너를 감당할 수 있겠어?"
- "그러니까 네가 무시를 당하지. 네가 왜 무시당하는지 몰라?"
- "나를 사랑하는데 이 정도도 못 해줘(못 참아줘)?"
- "그런 옷차림, 싫다고 했잖아. 입지 마."
- "너를 사랑해서(아껴서) 하는 말이야."

출처: 한국데이트폭력연구소

이와 같은 말들이 가스라이팅 가해자와 피해자가 자주 주고받는 문장들이다. 만일 당신이 누군가와 이런 말을 자주 했다면 어쩌면 당신은 가스라이팅 가해자 혹은 피해자일 수 있다. 그런데 가만히 읽다 보면 '2. 내가 무심코 한 이 말이 가스라이팅 일 수 있어요' 부분에 나온 표현들이 남녀 사이뿐만이 아닌 모녀 사이에서도 심심치 않게 주고받는 말임을 알 수 있다.

우리 주변 사건 사고의 범죄 심리를 알아보는 프로그램 〈알쓸범잡〉 가스라이팅 편을 보면 육아의 신이자 소아청소년정신과 전문의인 오은영 박사가 의도하지는 않았지만 부모들이 자신도 모르게 자녀에게 가스라이팅을 하게 되는 말에 대해 짚어주는 부분이 있다. 정말 자녀를 사랑하지만 의도치 않게 저질러진 실수들에 대한 이야기를 들으며 내가 아이에게 했던 말들도 되돌아보며 반성할 수 있었다. 오은영 박사가 짚어준 핵심은 명료하다. 이야기의 주체가 부모인지 아이인지, 어떤 일을 해야 하는 이유가 무엇 때문인지 누구 때문인지를 명확히 해야 한다는 것이다. 다시 말해 어떤 행위에 있어 주체의 중요성이다.

예를 들어 아이가 채소를 먹는 것에 대해 이야기해보자. 우리 집도 끼니때마다 채소 먹이기 전쟁이 벌어지는데, 어떻게 해서든 아이에게 채소를 먹이기 위해 당근은 자를 수 있는 한 가장 잘게 다지고, 양파에는 무려 네 종류의 간장을 넣어 볶아 아이가 간장 맛에 홀려서라도 한 젓가락 먹을 수 있도록 정성을 들이곤 한다. 하지만 이 모든 노력도 허사, 달걀찜에는 감히 다진 파를 넣을 생각도 하지 못한다. 왜 우리 아이는 이리도 예민하게 채소를 싫어할까, 깊은 고민을 하기도 했다. 내 흰머리가 속절없이 늘어가는 것만큼 아이의 편식이 속상하다. 텔레비전에서 피망을 마치 과즙이 팡팡 터져 나오는 사과인 양 우적우적 잘도 베어 먹는 아이들을 볼 때면 그렇게 부러울 수가 없는 것이다.

이처럼 내 마음이 오직 고기와 밥을 사랑하는 아이의 입맛과 상충할 때면 그 충돌 지점에서 나는 곧잘 이런 말들을 내뱉곤 했다.

"너 엄마가 얼마나 힘들게 이 채소를 잘게 다진 줄 알아? 아주 지금 파스를 붙여야 될 판이야. 엄마도 너 채소 안 먹이면 편해. 엄마가 힘들게 만든 거니까 조금이라도 먹어. 어떻게 그렇게 입에 맞는 것만 먹으려고 해?" (×)

주체가 아이가 아닌 내가 된, 전형적으로 잘못된 화법이다. 채소를 다진 나의 노고, 육아 노동의 한을 담은 말이랄까. 따라서 이를 아이가 주체가 되는 올바른 화법으로 바꾸면 다음과 같을 것이다.

"음… 오늘도 채소는 안 당기는구나. 어린이 입맛에 채소 좋아하기가 쉽지 않지. 그런데 채소는 네 몸을 건강하고 편안하게 해주고 성장하는 데 있어 아주 중요해. 당기지는 않겠지만 너 자신을 위해서라도 한 젓가락 시도해봐." (O)

채소 반찬을 애써 만든 훌륭한 엄마 때문이 아니라 아이 스스로 자신의 건강을 위해서 젓가락질을 하도록 돕는 것. 이것이 보다 옳은 화법이다. 만일 전자와 후자의 화법 사이에 존재하는 차이를 무시하고 엄마의 정서와 목표만을 중심으로 아이와 대화하다 보면 자신도 모르게 아이를 사랑하면서도 가스라이팅하는 결과를 초래하는 것이다.

엄마는 자녀를 사랑하지만 스스로 완벽하지 않은 부족한 존재이기도 하다. 또한 항상 자녀양육에 대한 배움이 완전하지 않으니까 의도치 않게 가스라이팅을 하는 실수를 범할 수 있다. 가스라이팅에 지속적으로 노출된 자녀들은 낮은 자존감을 형성하고 불안감이 높은 성인으로 성장하며,

chapter 3 독립: 엄마를 넘어선 나다움을 찾아

어른이 되어도 독립적인 정서를 가진 사람으로 살아가는 데 어려움을 느낀다. 매우 슬픈 지점은 연애 또한 건강하고 독립적으로 해나가기가 쉽지 않다는 것이다. 그러므로 우리의 딸들을 사랑한다면 이런 말들을 무심코 내뱉는 일은 없도록 해야 할 것 같다.

"이것 봐, 내가 너 이렇게 허둥지둥 나갈 줄 알았어. 엄마가 늦게 자지 말라고 했지!"(×)
"늦잠 잤구나~. 밤에 일찍 잠드는 시간이 아까울 수 있지. 나도 네 나이 때 그랬어. 하지만 너무 늦게 자면 아침과 낮까지 몸이 힘들어. 건강하게 생활하기 위해서 수면 시간에 대해 잘 생각해보렴."(○)

"너 까다로워. 다른 엄마면 너 감당 못했을걸? (×)"
"네가 좀 까다로운 건 맞아. 근데 그게 성격이지 잘못은 아니잖아. 까다로운 사람들의 장점도 많아. 단, 주변과 맞춰가는 것도 배우면 좋지. 물론 그 일이 쉽진 않아. 엄마도 주변과 맞추어가는 일이 여전히 힘들거든."(○)

"네가 그런 식으로 하니까 동생도 너를 무시하지. 그런 행동을

누가 좋아해?"(×)

"네가 그런 행동을 하는 데에는 다 이유가 있겠지. 하지만 수위가 넘는 행동으로 다른 사람들이 불편해하면 그건 결국 네 인간관계에 좋지 않아. 동생들만 봐도 네 행동을 버거워하는 것 같지 않아? 결국 관계는 네가 만들어 가는 거야. (○)

"엄마가 너 때문에 얼마나 고생하는지 알아?" (×)
"엄마가 고생하고 있긴 하지만 그게 네 잘못이라는 것은 아니야. 어른들은 다 자기 몫을 감당하고 살아야 하는 거니까. 이건 엄마 인생이야. (○)

"엄마가 그 옷 입지 말라고 했지! (×)
"넌 그 옷이 좋구나. 그래, 자기가 입고 싶은 옷을 스스로 골라 입고 살아야지. 그런데 아가야, 엄마는 좀 떨어져서 걸을게!"(○)

"서운해도 어쩔 수 없어. 다 너 잘되라고 하는 말이야." (×)
"내 말이 네가 듣기 거북할 수 있다는 거 알아. 하지만 좀 불편해도 이 말은 네가 귀 기울여 듣고 판단했으면 좋겠어." (○)

chapter 3 독립: 엄마를 넘어선 나다움을 찾아

"네가 뭘 안다고 그래. 그냥 엄마가 하라는 대로 해."(×)
"네 판단은 그렇다 이거지? 하지만 내 판단은 이래. 최종 판단은 네가 해."(○)

"하여튼 너는 항상 이런 식이야."(×)
"네가 반복적으로 하는 실수가 있는데, 나쁜 습관은 너 자신을 위해 고치는 게 좋아."(○)

당신은 분명 엄마로서 딸을 사랑하는 마음, 딸이 잘되었으면 하는 마음일 것이다. 그런데 당신이 자주 쓰는 화법은 어느 쪽인가? 당신의 마음을 어떤 표현에 담아 전달하고 있는가? 딸들이 만일 매사에 움츠러들며 첫 번째 부류의 말을 들으면 어떻게 될까? 아마 딸들은 점점 주눅이 들고 정서도 쪼그라들어 집 밖에 나가서도 당차게 행동하기가 어려울 것이다. 혹은 나중에 남자친구에게 부당한 대우를 받아도 '다 내가 잘못해서 그래…' 하고 오답을 찾아갈 수도 있다.

딸은 친하고 가까운 존재다. 그래서 엄마는 딸에게 더 많은 실수를 저지르곤 한다. 많은 딸들이 엄마들에게 위와 같은 말들을 제법 많이 듣고 자랐기 때문에 이런 화법들이 주는 부정적인 영향에 둔감할 수 있다. 그래서 엄마가 된 우리도 딸을 아끼는 마음에 이런 말들을 많이 내뱉게 될 수 있다. 하지만 이런 식의 대화는 딸의 주체성과 독립성에 해를 끼친다. 엄마는 딸에게 올바로 된 관점의 메시지를 전달할 필요가 있다. 모든 것은 엄마 때문이 아닌 자신을 위해 해야 한다는 것, 따라서 '네가 네 인생의 주인, 책임도 너의 것'이라는 관점을 담은 화법의 표현이 필요하다. 이러한 말은 엄마가 죽고 난 뒤에도 딸이 자신을 지키며 이 세상을 헤쳐 갈 힘을 줄 것이다.

우리 아이는 손톱 깎는 것을 정말 귀찮아한다. 하루는 손톱을 깎아주는데, 손도 내밀고 입도 내밀며 이런 말을 했다.

"'의사소통 강의를 하는 김지윤 강사, 알고 보니 자녀 손톱도 깎아주지 않고 돌보지 않아' 이런 기사 날까 봐 엄마가 내 손톱을 깎게 해주는 거야." (아이고, 아주 매우 고맙습니다아아~! 아주 저를 위해 오늘도 큰일을 해주고 계십니다아~)

아이의 너스레가 귀여워서 웃었지만 한 번 더 분명히 이야기해주었다. "네 손톱은 너 자신을 위해 깎아야 하는 것이고, 채소도 너 자신을 위해 먹어야 하는 것"이라고 말이다. 만일 내가 아이에게 이런 정정의 과정을 거치지 않고 다음과 같이 말한다면 아이는 어떤 생각을 하게 될까?

"아이구, 엄마를 그렇게 사랑해? 에구, 내 새끼. 손톱도

chapter 3 독립: 엄마를 넘어선 나다움을 찾아

엄마 사랑해서 깎아주는 효자구나, 효자야~!"

조심하자, 가스라이팅. 생각보다 쉽게 저질러지고 있는 실수이다.

엄마의 유산

'걸 크러시' '쎈 언니' 신드롬이 거세다. 사회적으로 강요되던 조신한 여성의 틀을 깨고 주체적으로 인생을 논하며 때론 칼 날리는 조언도 아끼지 않는 '쎈캐(쎈 캐릭터)' 언니들의 인기가 점점 높아진다. 이 여성들은 인생의 산전수전을 겪으며 얻게 된 혜안이 있다. 그런데 이 '쎈 언니', 생각해보면 상당히 가까이에도 한 명 있지 않은가? 바로 엄마다. 엄마가 바로 내 눈 앞에 살아 있는 '쎈 언니'이자 지혜로움의 결정체 그리고 애매한 순간 무를 두 동강 내버리며 상황을 정리하는, 그런 멋진 언니가 아니던가.

그녀들은 아주 복잡하게 얽힌 남녀상열지사에 관해서도 명쾌한 답을 알고 있다. 그녀들과 막장드라마를 보면 스포츠 해설가가 따로 없다.

chapter 3 독립: 엄마를 넘어선 나다움을 찾아

"끝났어, 끝났어. 그냥 끝내. 저 정도 되면 새끼 있어도 그냥 끝나는 거야. 돌아와도 못써."

"얘가 문제네, 나중에 봐. 이런 애 때문에 사달이 난다니까!"

아빠는 매일같이 드라마를 봐도 "저 사람이 왜 저러는 거야?"라는, 1회부터 설명해야 하는 엄청난 스케일의 질문을 서침없이 던지지만 엄마는 막장드라마는 물론 어떤 드라마라도 중간부터 봐도 5분 안에 상항 파악을 끝낸다.

맛에 관하여서는 또 어떠한가. 엄마 밥상이 미슐랭 맛집이다. 부침개를 더욱 바삭하고 맛있게 부치는 백만스물두 가지 방법이 엄마의 손끝에서 나온다. 모든 엄마들은 부침개와 장아찌 연구소를 운영하고 있다.

나는 일상을 살아가거나 복잡하게 얽힌 인간관계에서 눈부시도록 빛을 발하는 그녀들의 크고 작은 판단력, 그 지혜로움에 놀랄 때가 상당히 많다. 딱 떨어지게 설명할 수 없어도 어떤 상황에서 어김없이 발동하는 그녀들의 촉은 놀랍다.

좋은 결정은 그만큼 중요하다. 기업의 높은 직책에서 인정받는 사람 중에는 소위 말하는 좋은 '촉'을 뽐내는 분들이 있다. 촉이 좋다는 것은 감수성이 좋다는 뜻인데 이를 있어 보이는 말로 바꾸자면 '멘탈시뮬레이션'이다. 이들은 느낌이 좋으면 온 힘을 다해 진행하고 뭔가 께름칙하면 잠시 멈추어 살핀다. 얼핏 보면 비과학적이고 이성적이지 않은 것처럼 보인다. 그러나 사실 우리가 느끼는 감정은 그동안 축적된 경험적 데이터의 결과인 경우가 많다. 사실 '싸하다'는 기분은 예전에 비슷한 일을 겪고 기분이 몹시 나빴던 경험적 판단이 발동한 결과니 말이다. 이처럼 정보가 들어온 찰나에도 뇌 안에서는 인지, 해석, 판단, 결정 등 오만 가지 일들이 상호작용하여 벌어진다.

김경일,《적정한 삶》, pp.25~26, 진성북스

그러니까 결정적인 순간, 엄마들의 한마디는 다 이유가 있는 파워풀한 핵심인 것이다.

"왠지 긴 팔을 하나 더 넣어. 그게 좋을 것 같아."
"거기는 오늘 안 가는 게 낫겠어."
"저 사람 표정 봐. 오늘 여기 무슨 일 있었네. 얼른 나가자."
"사람이 뭔가 이상, 수상해. 예의는 바른데 뭔가 찝찝해."

엄마의 이런 촉, 육감은 멘탈 시뮬레이션으로서 귀 기울여 들었을 때 얼어 죽지 않거나, 괜한 싸움에 휘말리지 않는 '떡'을 가져다준다. 이런 촉이 발달한 그녀들은 분명 우리에게 지혜라는 유산을 물려주는 존재임이 분명하다. 실제로

chapter 3 독립: 엄마를 넘어선 나다움을 찾아

많은 딸들이 엄마에게 시달린 순간들이 많았음에도 불구하고 엄마 덕분에 누릴 수 있었던 수많은 지혜로운 순간에 대해 부인하지 않았다. 그래서 때로는 우리를 통제하고 힘들게 하지만 또한 지혜를 나누어주었던 엄마들의 순간을 모아 봤다.

명희는 어릴 때 큰 수술을 해서 배에 큰 흉터가 남았다. 클수록 흉터도 함께 자라 더 큰 자국을 남기는 것 같았다. 명희가 점점 자라자 친척들은 이런 말들을 했다.

"명희야, 넌 비키니 못 입겠다. 이거 흉터 없애는 수술 그런 거 해야 하는 거 아냐?"

명희는 그런 말을 들을 때마다 생각했다. '아… 진짜 비키니 못 입겠네. 근데 어차피 살 때문에 못 입는데…. 그래도 흉터 없으면 좋았을 텐데….' 그러다 어느 날 명희가 엄마에게 물었다.

"엄마 아무래도 비키니는 좀 그렇겠지? 흉터가 너무 크지? 흉터 없애는 레이저 이런 거 알아볼까?"

그 말을 들은 명희 엄마가 말했다.

"그게 무슨 소리야? 왜 흉터 때문에 비키니를 못 입어? 살 때문이지. 그리고 엄마는 너 배에 그거 한 번도 흉터라고 생각한 적이 없어. 아이구, 이게 내 딸을 살린 흔적이구나, 고마운 흔적이구나, 이렇게 생각하지."

명희는 엄마의 말을 듣는 순간 정말로 흉터에 관한 재해석이 일어나면서 그 뒤로 한 번도 자기 배의 상처를 흉터라고 느끼지 않게 되었다고 한다. '아… 이게 나를 살린 흔적이구나' 이렇게 생각하게 됐다고. 흉터를 생명과 치유의 흔적으로 바꾸는 어무니, 정말 감동 훌쩍이다.

수영은 어릴 때 집이 망해서 경제적으로 큰 어려움을 겪은 시기가 있었다. 수영의 엄마는 어려워진 형편 때문에 수희와 동생들에게 옷이나 신발, 용돈 같은 건 넉넉히 제공해주지 못했지만 대신 다른 것들을 주셨다고 했다. 어느 날은 엄마가 가장 깨끗하고 깔끔한 옷을 입혀서 어디를 데려가더란다. '어딜 가는 거지?' 했는데 가보니 하얏트 호텔 라운지 까페였다고. 피아노 연주도 라이브로 하고 노래도 하는 그런 곳이었는데 엄마는 돈이 없어도 사람이 가끔은 이런 문화를 즐기고 향유할 줄 알아야 한다고 이야기해주셨단다. 또한 엄마는 재미있고 유익한 비디오가 나오면 구해서 불을 끄고 운치 있게 틀어주셨다고 한다. 그때 가난했지만 누워서 감상했던 비디오들은 무려 루치아노 파바로티, 호세 카레라스 같은 유명 성악가의 공연이었다는…. 훗날 수

chapter 3 독립: **엄마를 넘어선 나다움을 찾아**

영은 어른이 되어 경제적으로 궁핍하고 쪼들리는 생활을 하더라도 조금씩 돈을 모아 뮤지컬이나 영화를 보는 즐거움을 잃어버리지 않으려 노력했다. 또 한 번은 엄마가 딸기가 끝물일 때 과일가게에서 상태가 좀 안 좋은 딸기 몇 상자를 사 와서는 그걸 모조리 다 쨈으로 만들어주셨단다. 양이 엄청나게 많아서 그해 정말 딸기쨈이란 걸 원 없이 먹고 또 먹었던 기억이 있다고 했다. 그 결과 실제로 딸기를 많이 먹지는 않았는데도 불구하고 딸기 철이 돌아오면 "아우 딸기 하나는 진짜 실컷 먹었지"라는 착각을 하게 됐다고. 돈은 없고 아이들은 많으니 비싼 과일을 실컷 먹일 수 없었던 엄마의 지혜였다. 수영과 수영의 동생은 이런 엄마와의 추억을 떠올리며 '우리 엄마 참 지혜로웠다'라는 생각을 절로 하게 된다고 했다.

내 친구 한 명은 이런 말을 했다. 누구보다도 자신이 지혜로운 엄마인 것 같다나. 남편이 너무 바빠서 아이들과 시간을 거의 못 보내는데 아이들이 가지고 싶어 하는 것들을 미리 사두었다가 아빠가 집에 있는 날 아이들에게 서프라이즈 선물을 할 수 있게 해준다는 것이다. 아이들은 크던 작던 평소에 갈망하고 생각하고 원하는 바람과 정서가 담긴 선물을 아빠에게서 받을 때마다 '아, 아빠가 우리에게 관심이 있구나. 우리를 소중하게 생각하는구나' 하는 생각을 하게 되었다는 것이다. 덕분에 바쁜 남편이 아이들과 많은 시간을 보내지는 못하지만 아이들이 아빠를 정말 좋아하고 지금도 아빠와 보내는 시간을 너무도 재미있어 한다고 했다.

엄마들이란 이처럼 지혜로운 존재들이다 그녀들이 겪어 낸 삶의 무수한 과정들이 그녀 자신의 삶과 딸들에게도 지혜라는 유산으로 전해지고 있다.

이 책은 아무래도 엄마와 딸의 심리를 다루다 보니 엄마의 역기능적인 행동, 뒤틀어진 심리 상태에 대한 측면이 담긴 이야기들을 많이 다루고 있다. 물론 그런 뭉친 실타래가 우리 주변에 존재하는 것은 사실이지만, 그렇다고 엄마들이 딸들에게 준 순기능과 사랑이 아예 사라지는 것은 아니다.

가끔 부부 중 한 사람이 부부 관계 클리닉을 다니면서 오히려 부부 갈등의 골이 더 깊어지는 경우를 보게 된다. 둘 중 한 명만이 문제를 인지하고 해결에 대한 이상만 높아지다 보니 그 기대가 좌절로 돌아와 배우자를 향한 비난으로 바뀌기 때문이다. 노파심에 이와 같은 역기능적인 영향이 혹여나 이 책을 읽는 독자들에게도 미치지 않을까 하는 생각을 해본다.

chapter 3 독립: 엄마를 넘어선 나다움을 찾아

그런데 그건 그거고, 이건 이거다. 엄마와 딸의 관계 속에는 왜곡된 심리도 있고, 엄마의 잘못도 있다. 하지만 동시에 엄마가 우리에게 준 사랑과 헌신 또한 엄연히 존재하는 것이다. 당신이 이 모두를 잘 통합했으면 좋겠다. 엄마의 지혜를 이 책의 마지막 이야기로 담은 이유는 바로 그 때문이다. 엄마와 열렬히 싸우고 갈등하지만, 또 엄마와 열렬히 사랑하는 것도 사실이니까 말이다. 이 책에 담지 못한, 엄마가 딸에게 미친 많은 순기능들이 있다. 엄마가 당신을 온 힘을 다해 사랑했던 그 고귀한 순간들이 엄마의 역기능에 덮이지 않으면 좋겠다. 해결할 문제는 해결하고, 그와는 별개로 당신이 받은 사랑을 간직할 줄 아는 균형도 가지면 좋겠다. 구글도 알려주지 못하는, 세상 어렵고 복잡하며 애매한 문제들에 대해 무릎을 탁 치는 답을 무수히 내장하고 있는 지혜의 데이터베이스 '엄마'를 가졌다는 것은 당신에게 분명 대단한 축복이니 말이다.

나가는 글

엄마와 딸,
서로를 웃으며 바라볼 수 있기를

　이번 책을 쓰는 작업은 마치 서랍장 깊숙한 곳에 넣어 두었던 먼지 가득한 이야기더미를 꺼내 펼치는 느낌이었다. 개인적으로 내게 엄마에 관한 이야기란 아킬레스건, 혹은 판도라의 상자 같은 것이었다. 엄마가 돌아가시고 난 후 나는 몇 년간 경미한 외상 후 스트레스 장애를 겪었다. 보통 새벽 3시에 꿈에서 깨어났다 잠들고 또 다시 깨어나기를 반복했고, 꿈의 내용은 같았다. 엄마는 항상 아프고, 나는 항상 밖에 있어 엄마에게 갈 수가 없어 발을 동동 구른다. 꿈에서 깨면 죄책감과 슬픔이 몰려왔다. 그 꿈은 몇 년간 계속되었다가 아이를 낳아 키우면서 더 이상 꾸지 않게 되었다.

그런데 이 책을 쓰면서 정말 몇 년 만에 엄마 꿈을 다시 꿨다. 우리 집 현관문을 열었는데 엄마가 서 있었다. 순간 너무 무서웠다. 아… 내가 엄마 얘기를 맘대로 책에 써서 엄마가 화가 나서 왔구나. 마음이 잔뜩 졸아들었다. 엄마는 성큼성큼 집 안으로 들어오더니 안방으로 들어가며 "너 거기 가만있어. 너 나랑 얘기 좀 하자"며 옷을 갈아입었다. 잔뜩 긴장한 나는 거실에서 엄마를 기다리다가 잠에서 깼다. 이 책을 쓰며 엄마한테 좀 미안한 마음이 들었는데 그 죄책감 때문에 이런 꿈을 꾸게 된 걸까, 하고 생각했다. 그러다가 한 가지, 지금까지의 꿈과는 매우 다른 점을 알아차렸다. 꿈에서 본 엄마가 더 이상 아프지 않은 것이나. 힘없이 나를 기다리지도 않았으며 무려 엄마가 직접 찾아오지 않으셨던가. 엄마는 더 이상 약하지 않았다. 청바지와 블랙 가죽재킷을 입고 단발머리를 한 엄마는 기운찬 모습이었다.

이 책을 쓰는 동안 나는 자랐다. 그리고 내 내면 안에 있는 엄마도 자랐다. 이 책을 쓰는 동안 엄마는 내 안에서 상당 부분 통합되었다. 그동안 보이지 않았던 엄마의 외로움과 번민도 볼 수 있었고 엄마를 찔렀던 내 안의 가시도 보였다. 내가 '방치'라고 느꼈던 시간이 어쩌면 엄마에게는 너무도 미안한 나머지 선뜻 다가오지 못한 채, 멀리서 나를 바라보기만 했던 사무치는 사랑의 거리였음을, 내 나이 마흔여섯이 되어서야 알아차릴 수 있었다. 이래서 속절없는 인생이라고 하나 보다.

　이 책이 나오기까지 감사한 분들이 많다. 모녀 관계 심리서라는, 심장이 내려앉을 뻔한 기획안을 내밀어주셨던 유화경 편집장님에게 감사드린다. 유화경 편집장님 덕분에 용기 내어 내 이야기를 꺼낼 수 있었다. 믿고 출판을 해주신 은행나무출판사에도 감사드린다. 원고가 진행되는 동안 실시간으로 피드백을 해준 해학 권 선생님, 사례를 제공해주신 많은 여성들에게 감사드린다. 그리고 언제나 지원해주는 가족에게 감사를 전한다. 이 책이 잘 팔리면 큰 선물 하나씩 해주기로 했는데 정말 그런 날이 오면 좋겠다.

　그리고 마지막으로 엄마.

　엄마, 잘 있지? 이젠 아프지 않지? 미안해. 허락 없이 마구 엄마와의 이야기를 폭로했어. 하지만 우리의 이야기가 상처 입은 많은 모녀들에게 위로와 회복을 주리라 믿어. 가끔 엄마가 "나는 이 세상에 헛되게 왔다 가는 것 같다"고 했잖아. 그런데 이 책이 세상에 나온 걸 보면 엄마의 인생은 결코 헛되지 않았던 것 같아. 그때 그 시절 용감하게 나를 낳아주어 고맙고 나를 떠나지 않아주어 고마워. 비록 수영장에서 각 잡힌 원피스를 입고 있었던 엄마였지만 이젠 더 이상 엄마의 사랑을 오해하지 않아. 사랑해주어 고마웠어. 사랑했고 여전히 사랑하는 나의 엄마…. 그럼 이만.

모녀의 세계

1판 1쇄 발행 2021년 11월 10일
1판 6쇄 발행 2024년 9월 23일

지은이 · 김지윤
펴낸이 · 주연선

(주)은행나무
04035 서울특별시 마포구 양화로11길 54
전화 · 02)3143-0651~3 | 팩스 · 02)3143-0654
신고번호 · 제 1997-000168호(1997. 12. 12)
www.ehbook.co.kr
ehbook@ehbook.co.kr

ISBN 979-11-6737-094-5 03180

• 이 책의 판권은 지은이와 은행나무에 있습니다. 이 책 내용의 일부 또는 전부를 재사용하려면 반드시 양측의 서면 동의를 받아야 합니다.

• 잘못된 책은 구입처에서 바꿔드립니다.